学びの場は人それぞれ
―不登校急増の背景―

鶴見大学比較文化研究所

吉村　順子　Yoshimura Junko

JN072675

コロナじゃみんな不登校、
そして大人はテレワーク。

ならば、学校を離れた学びを認める方向に社会は進む、はず、だが

変化を容認しない社会の無意識がそれを阻むかもしれない。

一方、実際にホームスクーリングの動きは各地で次々と起きている。

不登校の状態をとにかくありのままに受け入れてみよう。

そこから、学校の果たす役割、家庭の担う責任、

なにより子ども自身の意思と行動が明確になってくるだろう。

表紙トーストアート：伊藤　頼子

目次

はじめに

令和元年度児童生徒の問題行動・不登校等生徒指導上の諸課題に関する調査結果

　平成13年2001年には不登校児童生徒数は138,722人とピークを示した。その後平成24年2012年までに112,689人へと減少傾向を示していた。その後、生徒数は減少しているにもかかわらず、不登校の児童生徒数は過去最高を更新している。平成29年2017年に144,031人、令和元年2019年の速報値で181,272人となった。1年に約2万人ずつ学校に通えない児童生徒が増加しているのである。

　増加傾向が反転することはしばらくないだろうし、令和2年コロナでの一斉休校の結果、今後家庭における学習を選ぶ児童生徒も増えるだろう。学校を選択する児童生徒とそうではない学びの場を選択する子どもの両方の存在を認める社会を形成していく必要がある。

　不登校児童生徒の数だけでなく、いじめの認知件数も過去最高である。認知された件数は小学校で484,545件、前年度から6万件弱の急激な伸びをみせており、特に低学年での件数増加が目立つ。文科省はいじめに関しては、これまで報告されないでいた例が見えるようになったこととして、件数の伸びをただちに深刻な傾向とはみていない。筆者もそう思う。しかし、中学生と高校生ではむしろ減少傾向にあるにもかかわらず、小学生の発生件数が急激な増加を示していることは問題視していいのではないか。

　不登校児童生徒数の増え方も中学校よりも小学校で顕著であり、現在特に問題が生じているのは小学校の低学年だと推測が成り立つ。学校の荒れとは、昭和の終わりごろの校内暴力のイメージが強く、中学生や高校生によるものと想像されていたが、実際には小学校で学校に適応できなくなっている児童が増え

ている。

　コロナ対策の一環として、これから5年間で小学校のクラス児童数の上限を35人に下げることが決まった。子ども一人一人への対応をきめ細やかにしていく必要も認めてのことだろう。

現在の学校でどのような問題が生じているのか

　昭和の終わり1982年ころ、中学校で校内暴力が吹き荒れた。器物は壊され、制服を変形させて着用し、通学カバンはぺちゃんこにし、徒党を組んで喧嘩するなど、中学生がずいぶん派手に暴れていた。当時京都では修学旅行生同志が乱闘を起こさないように、土産物店が軒を並べる京極通の出口を教師が固め、ほかの学校の集団と出くわさないような工夫をしていた。卒業式は、教師にお礼参りを画策するからと警察が校内に入り不穏な状態であった。

　しかし、現在の学校がそのように荒れているかというとそうでもない。いじめはなくならないが、アンケートや聞き取りなどをこまめに実施し、万全ではないまでも取り組みは一定の効果をあげている。発達障害特性についても、2007年に学校場面に特別支援教育の枠組みが導入され、成果をあげつつある。学習指導要領も変わり、主体的・対話的で深い学び（アクティブラーニング）を取り入れた新しい学習方法が取り入れられている。

　学校そのものは、すでに成立している学習の材料をきちんと次の世代に受け継がせる役割を正確に担うために、最大の努力をしている。現場の教師の作業の正確さとスピードは大変なものだ。何か問題が起きるたびに、学校は対応の仕方を更新し、教師の負担は年々重くなっている。学校は確かに変わろうと努力をしているが、その懸命で前向きな努力が現場を疲弊させてもいる。

現場の努力にもかかわらず、不登校の激増である。増加の傾向は10年近く続いているが背景についての分析は明確ではない。不登校増加の直接原因になるような、顕著な荒廃は見当たらないからかもしれない。見える原因ならば、学校というところはいち早く対応しようとする。具体的な対応を超えたところに原因があるのだろうか。

家庭や家族の変容

一方、学校に通う各家庭の価値観や暮らしぶり、それを取り巻く社会風潮の変化は大きい。個の価値観の多様化も著しい。また、この10年に相対的貧困の問題が子どもの養育環境を襲っている。幼児期からの体験不足、十分に保護者と過ごす時間の不足だけでなく、食事そのものを欠く状況は絶対的貧困の水域にいる子どもも存在することを示している。

家庭やそれぞれの子どもの在りようや価値観の変化は、その変化に対応しきれない学校とのさまざまなギャップを生んでいる。小学校の低学年でのいじめ認知件数や暴力行為の増加は、学校という場ではうまく振舞えない7歳8歳の子どもが、行為で葛藤を表している結果ではないだろうか。低年齢であればあるほど内面の葛藤を身体化、行動化で表すことになる。彼らが言葉で自分の息苦しさや困難を伝えることは難しい。

ゆえに、不登校の児童生徒が増加したのは、避けようのない状況だったのだと筆者は考える。

そこにコロナによる長期の休校が挿入された。いわば、すべての子どもたちが不登校児童生徒となったのが令和2年である。今後、学校に依拠しない学びの場が増えていく。オンラインでの学習の効率の良さ、自学自習の可能性に、

子どもたちも家庭も気づかざるを得なかったからだ。

　不登校の状態から葛藤が解消し通学するようになれば、それはもちろん良いことだ。学校は友だちに会えて、部活動もでき、基礎学力を身に着けることのできる有効な機関であることは疑いがない。そこにいる大人の行動は善意と道徳に沿っている。不祥事は報道されても、やはり安心で守られた空間であることに違いない。

　学校に戻ることが不登校児童生徒の回復ではなく、社会的自立に向けた支援が必要であると、文科省は平成15年2003年には通達を出している。平成28年2016年の教育機会確保法では、その点をさらに強調し法律に位置づけた。

　学校に行かなくても、学びの場と進路の確保、社会的な経験を積むコミュニティとかかわりをもつことができれば、その後の人生に大きな問題は生じていない。

　いつのまにか、不登校の子どもをもつ保護者は自ら子どもらの昼間の居場所を立ち上げ、体験による学びの方法を編み出している。その勢いは静かであるが、とどまることを知らず増え続けている。ネットの上での積極的な交歓が成立し、地域を超えて連携し、各自の活動を尊重したまま、協働が始まっている。

　また大正自由教育として移入実現された、オルタナティブ教育方法に関心を持つ人も増えている。広島県の公立校にイエナプラン教育を導入する動きなど、今後、公教育にも広がっていくだろう。アメリカでは正式な教育システムとして認められているホームスクーリングも今後増加していくだろう。また、教育機会確保法にうたわれたように、ICT を用い体系化された学習も、文科省の学習課程を修了したことと認められる。コロナ禍で否応なくオンライン学習が

進んで、今後は積極的なホームスクーリングの学習サービスが商業ベースで成立する。実際にもう始動している。

　学校外の新しい教育の試みと活動を紹介しながら、これまでに蓄積された登校しなくなった子どもと保護者、教師の対処法についてもふりかえってみたい。
　本書は、主として、教職課程で学ぶ学生や、教育に関心のある大人を対象としている。

1　不登校の変遷と対応

長期欠席から学校恐怖症へ

　子どもを学校に通わせることが困難な状態は、明治期においても終戦直後においても存在した。経済的理由と病気による長期欠席の数が減少していき、大多数が支障なく学校に通える状態が成立したそのころから、今度は経済と病気を原因としない不登校状態が増加していった。昭和40年代、1970年ころである。

　日本で心理的な背景による不登校状態児童・生徒の存在を指摘したのは、高木隆郎[1]らの1959年の調査に始まる。さらに高木らは1960年代に臨床現場から精力的に研究し、神経症として位置づけ、ジョンソン，A.M にならって学校恐怖症と呼んだ。平均的な生活水準が十分とは言えなかった当時、経済的、身体的には通学が可能な状態であるにもかかわらず、学校に通うことのできない状態にいる子どもは、対象への恐怖症ゆえであると考えられた。恐怖症とは、害をなさないとわかっていても恐怖から回避しようとして現実の生活を乱すような症状がでる神経症を意味する。

　やがて、同じような状態で通学できない児童生徒の数が認知されるにつれ、今度は登校拒否と呼ばれるようになった。たとえば、映画監督の羽仁進の娘、羽仁未央さんが、小学4年生のときに積極的な登校拒否をして自分で学ぶ意思表示をしたのは1970年代半ばであったと記憶する。ちなみに、未央さんの曾祖父母は大正自由教育の一端を担った自由学園の創始者である。

登校拒否から不登校へ

　1970年台から1990年初めまでは、登校拒否と呼ばれていた。その当時、筆者は日本海側の町で大学勤務の傍ら、病院の小児科で身体的理由によらない症状

を持つ子供の心理臨床に携わっていた。

　県庁所在地に隣接した自治体から不登校の女児が来室した。遊戯室では活発に遊ぶことができ、知的な活動にも意欲的で利発な子どもだった。登校の再開はともかく社会的な発達はサポートできると思われた。あるとき、小学校の校長が来室された。その自治体で不登校児童が出たのはこの子が初めてである、進級や卒業をどうすればいいかとの相談であった。登校拒否についての社会的な認知は広がっていたので、校長先生の来訪と来意にいささか驚いた。

　義務教育において、進級、卒業は校長裁量となっている。今ではほぼすべての公立小中学校では、当事者が留年の意思を示さない限り、不登校の状態でも卒業証書を出している。この自治体では、1990年代初めには前例がなかったのだ。

　その後平成4年1992年に、文科省学校不適応対策調査研究協力者会議による報告がまとめられた。この報告では登校拒否は「すべての子どもにおこりうる」と定義された。学校恐怖症という疾病概念から、学校に行かないという状態を指すように変わった。その後1990年代半ばにはじょじょに不登校という呼び名へと変化していった。なお、平成3年1991年の統計から不登校は年間30日以上の欠席となっている。それまでは50日以上をカウントしていた。

　改めて、現在の不登校の定義をあげておく。病気や経済的理由によらない年間30日以上の欠席を言う。教育支援センター（適応指導教室）や教育センターの面接、学校が認めたフリースクール等へ通った日は指導要録上の出席とされている。教室に入らなくとも保健室や相談室、校長室にいる場合も出席となる。

　1992年の協力者会議報告が出たころはまだ不登校に対しての明確な分析と処方箋が見当たらず、保護者や教師が登校を強制することは避けられなかった。そのころ、校門をくぐるだけのために車に無理やり乗せられて連れていかれた

というようなエピソードがいくつもあった。その後、子どもと保護者の間に大きな溝が生まれたことは想像に難くない。当時、保護者からその通りの扱いを受けたことを忘れられないと述懐する成人から、憤りをもって当時の話を聞いたこともある。

このように登校を強制する、あるいは、取引をする（欲しいものを買ってやるからなど）によってなんとか登校を促していたころ、多くの当事者は昼夜逆転し、家族と同じ空間にいることを拒否するようになった。また、親の干渉に腹を立て、家庭内暴力に発展するケースも問題となっていった。

集団での生活訓練の場に不登校状態の子どもを預けるという対処も実践され、一定の効果も見られた。集団生活によって生活の基礎ができ友人形成を図ることを目的としていた。

公立の小児療養施設の一画に不登校の子どもを入院させた取り組みに、筆者も一時かかわっていた。もともと結核の療養病院で、山に近く、スキーやかんじきツアー、葉っぱでお茶づくりなどグループでのイベントも盛り込まれた。病院内の養護学校への通学は渡り廊下一つであったから、ほとんどの子どもは登校をしていた。そうして数カ月を過ごして、元の在籍校に復帰する子どもは少なくなかった。集団生活は社会性を育てたが、元来内向的で感受性が極度に過敏な児童生徒にとって、集団の場は脅威以外の何物でもなく、かえって引きこもるケースもあった。すべての児童生徒に適切な処方箋などないのである。

もっと強制力がある選択肢も出現した。自宅から離れて集団生活を送り、しばしばスパルタ式に生活習慣を正し、社会性を身に着けさせるという方法論である。風の子学園のコンテナ閉じ込め死（1991）や、戸塚ヨットスクールの強制的な海洋訓練における死亡事件（1979から1982）は、誤った方法であるとし

か言いようがない。

　この当時河合隼雄[2]は次のように述べている。「登校刺激を耐えるべきか、否か　などと、一般的な論議をしてもはじまらない。無理に行け行けといってもあまり意味がないが、言ったほうがいい場合もある。（略）画一的な方法があるはずがない、ともいえるのである。皆が学校に行っているのに１人休んでいるということ自体、『他と異なる人間としての私』を見てください、と主張しているようなものである。（略）ここで非常に大切なことは、その処方箋は多くの場合、父親、母親、教師などが相当な心のエネルギーを注ぎ込むことによってのみ有効となるのである。」

不登校の対応をめぐって

　不登校に限らないが、子どもとの関係で常に有効な対応方法はない。子どもの心に添う努力は心的エネルギーを使う。先回りして注意してもそっぽを向いて距離ができてしまうが、かといって子どもから気をそらしていると、親はいっとき気が楽になるが、子どもは見捨てられたような気がしてしまう。不登校は成長の途上で起こっていることを忘れてはいけない。心的エネルギーを注ぎつつ、子どもが自分の力や努力を信じることができる解決法を見つけるための援助が必要である。子どもに替わって道を切り開いて準備してやることはできない。寄り添う、とか、見守る、という言葉は甘美であるが、実に難しい対応方法であり、また、唯一有効な手段でもある。親にとってどんなにもどかしいことだろうか。

　さて、平成15年2003年にも不登校に関する調査研究者会議の報告が出された。ここでは、不登校の解消を学校復帰に置くのではなく、進路の問題としてとら

え、進路形成に役立つような指導・相談や学習支援・情報提供の必要性が指摘された。その施策の一つとして、教育支援センター（適応指導教室）の一層の整備と利用しやすい環境作り、教育相談機能の充実、社会体験施設における体験プログラムの活用などがあげられた。

そして、平成28年2016年には発展的に「不登校児童生徒への支援の在り方について」文部科学省　通知が出された。これは、平成27年2015年に発足した「不登校に関する調査研究協力者会議」のまとめ「不登校児童生徒への支援に関する最終報告～一人一人の多様な課題に対応した切れ目のない組織的な推進～」を踏まえている。

これまでの答申まとめ等と同じく、不登校はだれにでも起こりうることであると確認したうえで、これまでとは異なり不登校状態が継続し十分な支援が受けられない場合、自己肯定感の低下など望ましくない側面があることを指摘した。具体的な対応として、本人の希望を尊重したうえで、教育支援センター（適応指導教室）や不登校特例校、ICT を活用した学習支援、フリースクール、夜間中学への受け入れなど、さまざまな関係機関等を活用し社会的自立への支援を行うことなどをあげている。

さらに、この答申を受ける形で、平成28年2016年「教育機会確保法」正式名称「義務教育の段階における普通教育に相当する教育の機会の確保等に関する法律」が成立した。これまで、学校に通わないことで生じる不利益に対しての対処には無策であったが、新たな対策として、中学を卒業した者が再度夜間中学で学ぶことの許可、フリースクール等との連携、ICT を活用した学習を出

席日数に加えることなどが法律でうたわれた。

　ここから、不登校への対応は大きく拡充されるはずであった。しかし、ICT
を活用した学習を出席日数に数えている例は、平成30年度の段階でやっと100
件を数えるにとどまっている。今後この法律をベースにして、多様で自由な学
びの確保が可能になるように願ってやまない。

不登校対応のシステムについて

教育支援センター（適応指導教室）

　教育支援センターは、いわば公立のフリースクールのような場所である。少
人数を対象に、学校よりも遅い開始時間と早い終了時間の枠内で、自主的な学
習を支援し、児童生徒自身が取り組みたい活動をサポートする。

　教育支援センターは指導要録上出席としてカウントされる。小集団での活動
に適応できる児童生徒にとっては、得難い学びの場である。従来適応指導教室
と呼ばれ、学校への復帰をめざす目的で設置されている。不登校の対策は社会
的な自立を最終的な目的とされているので、現実の教育支援センターの目的と
一般的な不登校対応とはねじれの関係が生じている。

　不登校児童生徒も学校と学級に所属している。世間一般は児童生徒が登校を
開始することが正解であると思っていて、当事者が学校や学級を離れて、自分
の社会的な成長を図るというイメージをもつことができない。また、担任だけ
でなく学校の管理職や保護者も、担任が生徒の学級への復帰に意欲的であるこ
とを暗に期待してしまう。しかし、学校への復帰のみを視野にしたサポートは
児童生徒を息苦しくさせてしまい、追い詰めることにもなりやすい。支援には

広い視野と遠い目標が必要となるのである。

　教育支援センター（適応指導教室）以外に、教育センターもしくは教育相談センターと呼ばれる公的施設をもつところが多くある。平成30年2018年現在で教育相談の公的施設は次のような数となっている。

　・教育相談機関　都道府県、指定都市教育委員会所管教育相談機関　198ケ所。
　・市町村教育委員会所管教育相談機関　1467ケ所。

　多くの相談機関は臨床心理士等の心理相談担当者による母と子の平行面接を中心に実施している。もちろん無料である。高校卒業までは対象となるが、18歳を超えて高校に在籍していない場合は、対象からはずれる。自治体をまたいでの利用はできず、転居に伴い関係性が断ち切れることにもなる。

　ひきこもって社会と接点を持つ機会がなくなっていく状態では、18歳以降の継続相談は重要な立ち直りの機会となるので、継続面接の機会を得られるようにすることも必要である。ひきこもり状態はすべてが不登校に由来するわけではない。しかし学校に行けなくなって、周囲のまなざしを避けるために家から出なくなり、その状態を打開できずに年齢を重ねてしまうことは珍しくない。

　中等教育段階の心理的サポートが、継続的な支援のシステムへと包摂されていくことが望まれる。たとえば、病院のデイサービスのような集団の場面が、教育相談センターとの継時的連携を持てるとよい。

広域制通信高校・不登校特例校の整備

　平成17年2005年「不登校特例校」の設置が認められ、令和2年の段階で次の16校である。

北海道	（1）	星槎もみじ中学校
東京	（7）	東京シューレ葛飾中学校、東京シューレ江戸川小学校、八王子市立高尾山学園小学部・中学部、日本放送協会学園高等学校、調布市立第七中学校はしうち教室、福生市立福生第一中学校
神奈川県	（2）	星槎中学校、星槎高等学校
愛知県	（1）	星槎名古屋中学校
奈良県	（1）	大和郡山市　学科指導教室 ASU
京都府	（2）	京都市立洛風中学校、京都市立洛友中学校
岐阜県	（1）	西濃学園中学校
鹿児島県	（1）	鹿児島城西高等学校普通科ドリームコース

　広域制通信高校は、平成16年2004年、構造改革特区法により会社による設立が認められたことで急速に数を増やした。通常の通信制高校が一つの県内の在住者を対象としているのに対して、３つ以上の都道府県から生徒を募集することを可能にした高校である。全国で百余校ある。サテライト型の教室、分室を各地に設定しているので、どこからでも通いやすい。通信制高校であるから通い方は自由で、１か月に１日でもよいし、週５日通学することも可能である。通信制の単位取得により高校の課程を修得するので、通学した折には、音楽や調理、アートなど、自分の興味のある分野を選択できるようにプログラムが多岐にわたっていることが多い。また、相談機能が充実しているなど、個々への対応がきめ細やかでもある。通学の時間帯も比較的自由に選択できるので、中学の段階で不登校状態に陥った生徒も通学しやすい。

　広域制通信高校の整備によって、中学時の不登校状態から高校への多様な進

学が可能になり、不登校経験のある中学生の高校進学率が大きく増加した。それはそのまま高等教育機関への進学率の増加にもつながっている。令和元年度の速報値（2020年10月速報）であるが、生徒数の減少を反映して高校の普通科、定時制ともに在籍数が減少しているのだが、通信制在籍数だけが実数で増加している。広域制の通信高校への進学者が増えているのだろう。

　筆者も、7年間の福島での不登校児童生徒保護者面接の経験から、中学校に通学することが難しかった生徒が広域制通信高校には通学することができ、その後の高等教育進学を果たした例をいくつも経験した。東北の震災の数年後には郡山を中心に、広域制通信高校のサテライト校が複数設置されるようになった。

　平成30年2018年に実施された日本財団調査[3]で「自分のペースで学ぶ場所」「突き詰めたいことを学びたい」という回答を選択した生徒は、具体的に広域制通信高校のような、自分のペースで学びたいことを主体的に学ぶ場所に置かれれば、もっと活動水準の高い中等教育を展開できるのではないかと想像する。

フリースクール

　もともとフリースクールとは、イギリスのサマーヒルを代表とする進歩主義的教育、自主的な学習活動をする学校をさす。時間割も学習課題も自主的に生徒が決定する場合が多い。ほかにも世界には多くのフリースクールが存在するし、日本にも大正自由教育にのっとった学校、トモエ学園や自由学園、文化学院などが設立され、今に名を残す学校も少なくない。

　現在の日本では、奥地圭子[4]氏設立の東京シューレが草分けとなり、その後不登校児童生徒の昼間の居場所をフリースクールと呼ぶようになった。奥地氏は小学校教師だった当時自分の子どもが登校拒否をしたことから、不登校状態

の少年たちの居場所として東京シューレを作った。

　その後、民家をそのまま利用したりマンションの一室を使うなどして、多くの不登校児童生徒対象のフリースクールが開設されている。活動は通所者の自由に任されているところが多いが、スタッフの数や専門性などばらつきが多い。児童生徒が所属している学校の校長が認めた場合は、指導要録上の出席として認められる場合もある。

　フリースクールは一般に民間設立かNPO設立が多い。料金への公的補助がないので、支払いが難しい家庭もある。

　平成15年2013年から始まった、少年を対象とした「放課後デイサービス」が、フリースクールの代わりとして選ばれる場合もあるようだ。

　フリースクールは都市部に多く、地方では人口の多い街にしかないことが多い。一般に地方都市では車がないと移動が困難であり、フリースクールや適応指導教室に通所通室するのも、児童生徒だけでは困難な場合が多い。

文献

1　高木隆郎　他　「長欠児童の精神医学的実態調査」
　　精神医学　1　403－409　1959

2　河合隼雄　『子どもと学校』　1992　岩波書店

3　日本財団　「不登校傾向になる子どもの実態調査」　2018

4　奥地圭子　『明るい不登校』　2019　NHK出版新書

2 不登校への対処、答えは出ている

優等生の息切れ型不登校（1980年代）

　1980年代、登校拒否と呼ばれた児童生徒の典型的な様子は、今、学校に行くことができない児童生徒とは少々異なっている。そのころの典型とされていた状態は、優等生的な子ども時代を経過して思春期に入るころに、自分のよりどころに自信がもてずに不安が強くなり、学校という社会的場への参入を拒んでしまうというケースであった。それまでは学校にも家庭にも適応的で、いわゆる手のかからない子ども時代を過ごしており、急に学校へ行き渋るようになったわが子に、親は病気が隠れているに違いないと小児科に駆け込んで内科的な検査を受けるなどした。

　医師もまた健康で経済的な問題もない家庭の子どもが、なぜ登校しないのか理解できずにいた。そのため、ある小児科に行くと、「お母さんの愛情不足です。仕事で忙しいのではないですか」と言われ、別の医者にいくと、「構いすぎです。もっと放っておかれたらいいでしょう。過保護です。」と言われたと、仕事をもつ知人がぼやいていた。

　それにしても、子どもに問題行動が起きたとき、世間は母親の態度に原因を求めようとする。また、心理面接の場に訪れるのも圧倒的に女性が多い。そして、一様に夫が子どもの不登校に無理解、あるいは無関心を装うと訴える。子どもの不登校に関しての両性間の不均衡な状態をどう考えたらいいのだろうか。

　40年前は、まだ一人親家庭は今ほど多くはなく、専業主婦の母親が一人で子どもに対応するという図式が目立った。今、一人親、特に女性の一人親家庭の平均就労収入は200万に満たない。仕事を続けないと生活できない状況で子どもが登校できなくなる例は、40年前に比べてずいぶんと増加している。教育と

福祉の問題として早急に、行政や政治の問題として取り上げなくてはならない。

学校に行かなくなったあとの混乱を抜ける

　東北の震災後月に一度、福島の医療機関に支援活動をおこなってきた。主に、不登校状態の保護者に対応した。そこでの保護者への具体的なサポートを示すとともに、学校や教員という立場でどのように不登校児童生徒、および保護者サポートが可能かについて私見を述べたい。

　不登校児童生徒の対処例は1970年ころから蓄積されている。当事者および家族、担当したカウンセラー、教師の経験値は十分に高い。ネットで検索すれば、的確な説明と対処法を知ることは容易である。

　しかし自分の子どもが不登校状態になったときに、保護者は不登校への対処法を書いた著書や相談者にうまくアクセスできていない。たとえ目にしても、内容が心に入っていかない。

　不登校の時期を振り返る当事者の著書にはどれも、葛藤と不穏な家族のやりとりを経過したのち、子どもが登校しない状態を受け入れるくだりが記述されている。そのアップダウンを潜り抜けることが対処の肝であることは間違いないのだが、その混乱と不安の時期そのものを母親と子どもが孤独に抱え込まざるを得ない。そして、その混乱の時期を支える人材と場所に、容易にたどり着けないことに当事者はいらだつ。

　子どもが不登校状態になって数か月の保護者には、適切な距離や関係性は絵空事のように感じてしまう。学校に行けなくなった子どもは自分のことを語らないし、侵入的に聞いてくる親に対して自分を閉ざしてしまう。以前に比べて

あまり問題にはなっていないが、おとなしかった子どもが追い詰められて暴力的になることは稀ではない。壁に穴をあけたり、大声をあげて恫喝するような例は今でもある。親の不安を感じ取ったり登校を強く促されたとき、逃げようのない家庭で大声をあげ壁を叩いたりするほかないのだろう。

　不登校の子どもをもつ保護者は教師やスクールカウンセラーの初期的な対応によって問題が好転しなかった経験をもつ。臨床心理士である筆者にとっては残念であるが、学校への復帰第一のサポートが功を奏さないケースが、保護者の葛藤を生む。実は、学校の教員やスクールカウンセラーの助言やサポートで登校を再開する場合はあるのだが、年間30日以内の欠席状況により不登校事例として表に出ることはない。

　ところで、ネットやオンラインゲームで外の社会とつながることが可能になり、家族間の葛藤状況が様変わりしてくることになる。家族は引きこもっている子どもに業を煮やしながらも、ゲームやネットに熱中している子どもに対して、心理的な遠巻きの状態ともいえる関係性ができあがってしまう。強い軋轢を双方が回避し、長期間の不登校、引きこもり状態が成立しやすくなった。登校しなくても落ち着いた暮らしを送ることができるという生活の変化が、不登校児童生徒数の増加を後押しする一因となっている。不登校状態と引きこもり状態は異なる現象ではあるが、社会を回避する傾向によって家庭内に引きこもることは共通している。

　ネットで社会とつながっていることが不登校を遷延させていると同時に、登校しなくともネットから多くの人との結びつきを得ることができ、コミュニティの一員として活動し知識や情報も得ることができる。興味のあることについて深く、遠くからの知識を得ることもできる。ネットやオンラインゲームへ

の依存が精神科対応の症状と考えられる一方で、登校しない生徒たちが自分で世界と関係を直に結ぶことを可能にしている。

　不登校児童生徒数の増加傾向のもう一つの背景に、家庭の価値観の多様化が指摘されている。学校教育とは元来保守的な原則によって運営される。すでに構築された知やスキルを伝えることに重きが置かれるからである。当然、家庭と学校の間には、価値観のずれが生じやすくなっている。すべての児童生徒が、学校教育法に準拠した学校、いわゆる一条校、に適応することは無理だと思う。不登校の児童生徒が想定以上の割合で出現するのは、必然だといってよい。

家庭が悪い、学校が悪いではない

　学校のシステムにどうしても適応できない児童生徒が出現するような状況ができあがっている。2018年の日本財団の調査では、潜在する不登校予備群は全体の１割であるとされた。その１割とそこに近い群がやがて顕在化してくるだろう。その時、既成の社会はどのような学びと活動の場を設定できるのだろうか。

　将来なりたい職業に、ユーチューバーが上位にあがったことが話題になっていた。実際にユーチューバーという職業が今後も成立するかどうかはさておき、児童生徒がこのような職業を自分の将来にイメージするのは、学歴を形成する方向とは異なるキャリアイメージをもつということだ。学校という機能そのものが多様化していかなければ、不登校児童生徒数の増加は今後も続く。

　不登校の最初期に登校を促すことが継続的な登校へとつながることは少なくない。２日ほど休むと子ども自身が落ち着かなくなって学校の様子が気になる

ような気配を見せる。そのときに、「明日は給食のメニューがカレーだって」などと言いながら背中を押すことが、存外学校への復帰につながることも多い。

　大学の教職課程の授業で不登校をテーマにするとき、学生の中から自分も1カ月とか2カ月登校しなかったことがある、という経験談が話される。統計に計上されないような不登校の経験を持つ例はたくさんあるのだろう。何をきっかけに登校を再開したのかは、あまりはっきり覚えていないようだ。保護者にはドラマがあったと推測するのだが。30日以内の不登校が収束するきっかけは、「友達が誘ってくれた」、「先生が誘ってくれた」、「親が付き添って学校に送ってくれた」、というような、だれもが想像できる場面によるらしい。

　学校は、登校しなくなった児童生徒とのコンタクトを途切れさせてはならない。登校しなくても、学校とのつながりが生徒を支えている。もちろん、生徒の意思に反して家庭に上がり込むなどはもってのほかであるが、侵入的にならない関係の持ち方は重要な絆となる。

　この点に関しては、各学校に配置されているスクールカウンセラーと教師の連携が必要となる。

保護者との協働

　登校への拒否が強く持続的であるときには、腰を据えて、わが子の在りようを受け入れる必要がある。そんなに簡単にはいかない。どんなに自由で多様な生き方を容認している人物でも、親となると子どもが元気で学校に通うことを前提として生活設計をしている。

　子どもをいきなり受け入れようと力まずに、まず、家族が笑って食事ができることを最初の目的としてほしい。

　家にいるからと、家事を命じたり他の学習課題を与えるのは、しばらく待っ

た方がいい。時間を有効に使わなければならない、という原則に当てはまらない時間に住んでいるのだと想像してみたらどうだろう。

　もし、子どもが外出したいというならば、金銭の負担が大きくない限り、一緒に外出して楽しんでほしい。遠出することを言いだしたら、頭ごなしに却下しないでほしい。両親でよく話し合ったのち、予算を告げて、可能な限り計画を立ててみるよう提案するのは重要であると思う。そして、その活動をできれば家族全員で楽しむことができるとよい。不登校になって活動水準そのものを下げてしまうのは、思春期にはもったいない。

　不登校の保護者の面接では、傾聴して保護者の不安を受け止めるのは当然のこととして、面接の最後に、実践が可能で効果が実感できそうな小さな対応や行動を保護者とともに考えることが多い。そのためには、当事者の可能性を保護者と発見する時間が重要となる。

　たとえば、ひきこもっている青年が瓶牛乳を飲む。母は毎日食事とともにメモのような手紙を書くことにした。すると、日常の態度は変わらないものの、牛乳の瓶の中を水で洗って伏せるようになった。そのことを母親と面接者は大いに喜んだ。

　変化はかならず生じる。その変化について、関係を作る方向への意味を見出す作業を保護者とともに継続することが、子どもと親の関係の作り直しに役立つ。その意味を発見するためには、保護者は不登校の保護者コミュニティに接触することがよいだろう。経験値があり、混乱期に共感される必要性をだれよりも知っているコミュニティだからだ。

　また、専門の臨床心理士・公認心理師や精神科医との継続的なサポートも必

要である。投薬を勧めるのでは決してない。児童思春期を専門とする精神科医が、不登校の子どもたちを継続して見守ってきた歴史が我が国にはある。児童思春期を専門とする精神科医が持つ、不登校、ひきこもりへの対処法は、積み重ねられた経験知である。ただし、思春期や児童を対象としていない精神科医では、不登校についての対処法は投薬中心になりがちである。子どもが話しやすい、保護者が相談しやすい医師を探すことも重要な過程である。

混乱と不安から出現する攻撃性や非社会的な態度の意味をある程度言語化できるのが、心理支援の専門家のスキルである。今起こっていることの成長への意味を考えて共有することで、保護者は子どもの不可解な行動を受け入れやすくなる。これは、不登校の保護者コミュニティにおいて、わが子の行動がほかの子どもにも起きていることだと知り安心できることと同様である。

危機から生まれる成長
親が学校に行かない子どもの存在を受け入れることができたときに、次の展開が顕れる。

と言って「学校行かなくてもいいよ」と言葉の上で言ってみただけではどうにもならない。子どもが学校に行かなくとも、「健康で笑っていればいい」、「成長しさえすればよい」、と思えるためには、それなりの険しい遍路道を通らなければならないようだ。

エリクソンが、発達の各段階に、成長とそれを妨げる危機を対置させたことは、倫理社会や道徳でも学習する。そしてこの危機を通じての発達という力動的な考え方が、本当に真理を突いているのだ。

エリクソンはアイデンティティの概念[1]を、その経過において混乱や葛藤の

事態を経ていることを成立の条件としている。すんなりと到達したアイデンティティもどきがのちに揺らぐことを彼は自分の体験から知っていた。そして、その考えが、世界中の若者の共感を生んだ。生き残る古典は現実を生き抜く知恵のもとだ。

　保護者はたいてい、強く登校を促して子どもの反撃にあったり、親戚からもっと厳しくしろと言われて付き合いを閉ざしたくなったり、面と向かって子どもに八つ当たりしたり、夫婦喧嘩をしたり、と一巡り不安と心配を行動化する。のちに、間違った行動をしたと自分を責めることはない。子ども自身が学校に行けないことを苦しむように、保護者もまた子どもの状態を肯定するのに時間がかかる。むしろその葛藤からしか、肯定は生まれない。

　受容、と言葉でいうのは簡単すぎて、かえって本質を見誤る。そんなに人は子どもの辛そうな状態を受け入れられないし、他者と同じ行動がとれないでいることを許容できたりしない。

　それでも、「これでいいのだ」と「バカボンのパパ」に至るためには、同じ道筋を通った不登校の子どもを持つ保護者の会、不登校事例に詳しい専門家、精神科医や臨床心理士と継続的な面接をもつことが必須である。繰り返しになってしまったが、何度でも言おう。

　一人でその境地に至ることは難しいし、二次的な関係悪化を招く。だれかが、道のりのどのあたりまで来ているかを理解してそばにい続けることで、保護者は子どもを追い詰めることなく親自身の混乱の時期を抜けることができ

る。もちろん、学校教育とは別のタイプの学び方を当初から保護者がイメージしている場合は異なった進みゆきとなるだろう。

児童精神科医による不登校処方箋

　保護者の取るべき態度は、もうすでに多くの専門家や子どもの不登校の当事者から指摘されている。滝川一廣『子どものための精神医学』[2]から、不登校についての対処について、まとめて引用する。本書は、子どもの発達全般、発達障害について、思春期以降の精神疾患について、幅広く適切な解説と対応への具体的なヒントがまとめられている。家庭の医学の児童思春期精神医学版とも呼ぶべき本である。

　医学をふまえながらも、孤立しがちな保護者の視点にたって、細かい指摘にこだわらない育児テキストである。厚い本であるが価格はおさえられており、思春期の子どものいるご家庭では、手元に置かれることを勧める。特に、精神的な問題はその社会環境や価値観と連動して拡大視したり、矮小化されたりする。時代の流れを汲みながら、過度にこころの問題を病理化しないというスタンスで説いている。よい本に巡りあうことも、保護者の気持ちを一気にサポートすることができる。

　1970年代に不登校が増加した理由として、滝川は学歴価値の低下や学校の聖性消失をあげた。学校や教育そのものに欠陥があったわけではなく、産業構造や社会構造の転換による価値観や意識の変化に起因すると考えている。

　その上で、平成・令和の不登校への具体的対応として、次のように述べる。
　まず、1970年代に出現して取り上げられた、良い子が過剰適応しようとした

ストレスから努力が破綻して登校不能に陥るというような以前の不登校例の典型と、現在の不登校への対処の方法は大きく異なることを指摘している。

1970年代には登校拒否と呼ばれて、身体の健康と良好な経済状況で成長した生徒が思春期のころに登校しなくなる不思議な現象という風に理解されており、優等生が学校という規範や家庭、社会が良しとする基準に適応することに疲れて、自分らしさを見失うまいとして一時的に学校から退避することと考えられていた。しかし、現在の不登校はその仕組みで理解できるケースばかりではないという。診察室に来談した生徒との話し合いの過程を次のように述べている。

当事者との話し合い

● 学校に通うことができていたときになぜ登校することができたのかを一緒に考え、登校不能に陥る原因となった負荷を見つけ出す。負荷であって原因ではないことに注意する。負荷を犯人扱いすることは不毛であるし、別の葛藤を生む

● ただし、負荷を取り除く、または軽くすることができたり、負荷への対処方法への支援が可能であれば、実行する

● その上で、学校に通うことの意義や現実的な価値を可視化し、肯定的な未来像を学校におくことができれば、少しでも前進できるような実現可能な目標を設定する

● その過程において多様な社会資源を利用する

● 試行錯誤であって、引き返し可能であることを共通の了解事項とする

● 学校そのものに価値をおかなくとも、別の学びの場を設定して、そこを経由して社会に出ていける道を示すことも重視する

●学校に戻すことをゴールとして試行錯誤の道筋が長引くと、社会体験を損なうことになる

家庭での対応
●安心して家にいられるようにすることを第一にする
●家を社会に出ていくためのベースキャンプであると認識
●家にいることが針のむしろとならないようにする
●家の中で楽しく取り組めるものを尊重する
●専門家とつながりをもつこと

教師の対応
●見捨てていないというサインをおくること
●家庭訪問時の注意としては、不意の訪問を避け、登校しない理由を問わず、無理に会おうとしない
●訪問は定期的に行う

　滝川が指摘する具体的な対応は、不登校が精神医学の分野で問題となった1970年代から50年を経た現在の到達点である。どこにでも書いてある事柄だと思われるだろう。そう、もう解答は出ている。でも、そこに到達することが難しい。

精神疾患と不登校、ひきこもり
　次に、山登敬之『子どもの精神科』[3]から、精神疾患と不登校について引用しておきたい。

山登は、斎藤環が『社会的ひきこもり』[4]の中で、不登校は風邪、ひきこもりは肺炎と例え、ひきこもりは継続するほどさらに深いひきこもりに入っていくようなメカニズムが働くと指摘したことに注目している。だからこそ、ひきこもりに対しては、自力での回復が難しいと指摘する。

　不登校状態は年齢も若く幼く、本人の成熟と発達の力に期待することができるが、長期化した引きこもりの場合、当事者（本人、親）の年齢も高くなることで脱出のエネルギーも枯渇し、治療を専門とする機関も少なくなる。そのために、ひきこもり状態についてはなんらかの専門家と保護的な支援者と当事者の協働が必要となる。

　さらに、山登は不登校のケースの中に一定の割合で存在する精神障害について留意する必要を指摘している。思春期になって発症時期を迎える統合失調症では、友達がうわさしている、とか悪口を言っているという妄想や幻覚の出現によって学校という場を拒否することがあり、引きこもる生活が長期化すると、つじつまの合わない奇妙な言動が増えてくる。それを状況のせいとして見逃すと治療が有効な初期の段階を過ぎてしまうことにもなる。

　また、躁うつ病、気分障害も10代後半から発症する。うつ状態と不登校を近い状況とみなす精神科医は少なくない。ただし、精神科の治療対象となるうつ状態であるかどうかの鑑別は必要となる。家族親族に遺伝的負因があるときには、医療に乗せていくことが重要となる。

　さらに、双極性障害、つまり躁の状態と鬱の状態が顕れる気分障害にも注意する必要があると指摘する。躁状態では、爽快な気分になるので本人は晴れ晴れとする。多弁、多動、興奮などがおこる。うつ状態で不登校に陥り、その途中で躁状態の時期に入ると、気宇壮大、気分も大きくなり、大きな計画を立て

たり、すぐ実現すると豪語したりするが、その状態そのものが症状であることを当人はもとより、周りの人も見抜けない。しかも、躁状態のときにはアクティングアウト（本来にない仕出かし行動）が生じやすく、大きなトラブルとなることがある。

　思春期には対人恐怖の周辺症状も現れやすい。人との関係の過敏さというものが不登校の引き金になるときがあるが、その背後には不安神経症的な状態が存在することがある。

　不登校はだれにでも起こりうる現象である。しかし、その一部に精神疾患がベースになっているケースがある。その点に関しては、児童思春期を専門とする精神科医につながることが重要である。

文献

1　鑪幹八郎　『アイデンティティの心理学』　　1990　講談社現代新書

2　滝川一廣　『子どものための精神医学』　　2017　医学書院

3　山登敬之　『子どもの精神科』　　2010　ちくま文庫

4　斎藤環　『社会的ひきこもり』　　1998　ＰＨＰ新書

3　不登校と斜めの大人

　不登校状態から社会的な状況に戻っていく過程で、しばしば親以外の大人との関係性がきっかけをつくる。

不登校生だったボクの今

　『居場所がほしい　不登校生だったボクの今』[1]は、浅見直輝氏の中学1年からの不登校体験とその後進学した大学生活での活躍を表した著作である。著者は中学生のとき、やんちゃなクラスメイトの巻き添えを食い、教員からいわれのない叱責を受けたことで、学校に居場所をなくした。家に引きこもる息子をめぐって両親の仲が悪くなり、昼夜逆転してゲームにはまっていった。心配して来訪した祖母に対してさえ内心ではうれしくとも暴言を吐いた。

　息子の暴言や暴力的な態度にもかかわらず声をかけ続けた母親から、卓球ができるからと誘われて、当時の適応指導教室（教育指導センター）に通所するようになる。

　そこで、カウンセラーに会う。通常、適応指導教室（教育支援センター）と教育相談センターは別個のしくみであるが、最近は建物の建て替えなどの折に、二つの機関を同じ建物に設置することが多くなっている。

　面接担当者は年配の女性カウンセラーであった。学校になぜ行けないのか、という問いかけは一切なく、彼の好きな野球の話題を共有する時間に安堵した。その関係性から自分らしく進路を考えるようになっていった。

　この例は、不登校に至るきっかけもそこから社会場面へ復帰するきっかけも典型的といってよい。学校に通っているかどうか、とは異なる次元で自分に肯定的な関心を持ってくれる大人に、子どもは安堵する。

高校生男子の例

　筆者の出会った青年のエピソードである。30年以上前のこと、学校に行けなくなった高校生Aが学校も退学し、家に引きこもるようになった。Aの父は厳しく、不登校状態であることにも冷たく接しており、親子の関係は冷え切ってしまった。Aはその父を怖れもし嫌ってもいた。そのことを母親は苦にしていた。

　ある日Aが、飼っていた小鳥を縁側で遊ばせていると、庭先から幼児がのぞきにきた。幼児はたびたび遊びにきて、やがてその若い父母がAに感謝して家に招いてくれるようになった。そんなやり取りをしているうちに少しずつ外出もできるようになり、釣りをするようになる。ある日、休みの日にはゴルフに行ってしまう父から釣りに行かないかと誘われる。父との釣りをきっかけに、親子の関係も柔らかく変化した。

　Aの親戚にちょっと変わり者の職人の男性がいた。職人の親戚とはなんとなく気が合い、仕事を手伝いに行くようになった。しばらく働いたのち、別の仕事を探し当て社会に出ていくことになっていった。

　親以外の大人との関係から社会的な場へと出ていく例は少なくない。

　重要なのは学校に行くか行かないかに関係なく、当人と暖かく対等な関係を持とうとする大人の存在である。ペットを仲立ちとして成立した若夫婦との関係性や職人の男性がそうである。親からも冷ややかな視線を浴びているときに、ちゃんとした大人が対等に接し、感謝し家に招待してくれるという体験が、少年を外界へと導いた。

　江川紹子氏[2]は社会的な事象を扱うフリージャーナリストとして著名である

が、東京シューレに在籍して今は社会に出ている人を対象としたインタビューをまとめている。絶版になっているが、学校に行かずに自分らしいキャリア形成をした実例が活写されている良書である。そこからも事例を紹介しよう。

牧場に置き去りにされたB

ここでは、共感的な叔母の家を心と身体のよりどころとしていくBを紹介しよう。

学校に行かないことに両親は激怒し、父は鉄拳制裁。布団をかぶって学校へいくことを拒否しても、居場所がない。ある日、めずらしく父から北海道旅行に誘われて一緒に行き、牧場の眺めに感動していたら、父は消えていた。置き去りにされたのである。父母は不登校への対策を専門家に相談し、甘えさせないで家から離れさせなさいとアドバイスをされ、牧場に依頼して預かって働かせてもらうことにしたのである。

Bは牧場の仕事がいやなわけではないが、置き去りにされて過酷な労働を強制されたことに憤慨した。周到に逃亡を企て、なんとか手元にあった1万円を手に、ある朝、はだしで逃げだした。そして、通りかかった人に母親が危篤でとウソをついて、空港まで逃げていく。そこからの航空券を買う金はない。父に電話しても怒鳴るばかり。牧場からの迎えが迫る中、父に「子どもを誘拐して刃物をあてている。凶行を止めさせたかったら、迎えにこい」と脅してやっと東京の家に戻った。

それからは、暴走族に入り、父と母との縁も切れたようになる。その間も叔母夫婦だけが安心できる居場所を提供しつづけてくれた。あらゆるバイトを経験していくうちに、何か手に職をもちたいと願い、大工に弟子入りする。交際相手との結婚を機に、二級建築士の資格を取得する。しかし、その間に母は死

去。そして連絡の途絶えていた父がガンで入院していることの知らせがはいる。憎んでもいた父を毎日のように見舞い、父の医療費を負担し見送ることができた。

　ここであげた建築士のBは、暴走族に入って両親とも絶縁状態になった間も、ずっと変わらずに接してくれた叔母家族との関係によって、やがて、大工として働き、家族をもち、最後には入院している父との関係を取り戻していく。

　学校の教師や心理臨床に従事している人ならば、このような例をいくつも見聞きしているはずだ。直接の保護者ではない大人が見守ることによって、引きこもる状態から抜け出していくケースをいくつも経験しているはずだ。

　斜めの関係性の重要性は教育でもよく聞かれる。早くから青年期のモラトリアムの状況について記述していた精神科医の笠原嘉氏は『青年期』[3]の中で親や教師、上司のような直線的な関係性が有効に機能しないとき、斜めの関係とでもいうような大人との関係性が有効に機能すると指摘した。特に不登校状態から脱出するときに、親とも教師とも異なった理解者との関係がベースになることは本当によくあるのである。
　だからといって、周りが斜めの大人を用意して働きかけてもうまくいかない。意図を超えたところにしか、成長のきっかけはないのだろう。
　ただし、最近急に増加している不登校事例ではこのような斜めの大人と接触することが困難な場合が少なくない。保護者以外の大人のネットワークの支えがないから学校に行かなくなるとも考えられる。家庭が外部に向けて開くという態勢をとれなくなっているのではないか。特に都市部では。

烏帽子親の風習

　昔話の世界のようではあるが、30年前能登半島では烏帽子親（よぼしおや）という制度がまだ生きていると聞いたことがあった。当時成人している人（おそらく男性だけ？）には烏帽子親がいる場合もまれではなかったようだ。日常も親しく交わっていると聞いた。烏帽子親とは、成人のときに烏帽子をかぶせる役目をあてて、その後も親と同等にその男子に対して責任をもち、義務を負って親しくしてくれる年配男子のことらしい。血縁関係も法的関係もない義理の親子関係が設定されていたのである。

　勝手にあてがわれた血のつながらぬ地縁おじみたいな関係性を、のちには面倒に感じることもあるかもしれない。その昔には、地域に認められた斜めの関係性は、遠すぎず、近すぎずに、人生の節目の後ろ盾として安心感のある制度だったかもしれない。名付け親というシステムも、親以外の後ろ盾を保障した制度であったろう。

　昔は地域で一生を終えることが想定されたから、親以外の家との強い結びつきを保障しておくことが人生にとって有効な保険となったのかもしれない。しかし、それだけでなく、血のつながりでは解決しにくい問題に対して、有効なかかわりであるとも考えられていた制度であろう。もちろん、死亡率が高く、親が早く死んでしまったときの保障という向きもあったろう。

　さて、現代においても、このように子どもにとっても斜めの関係性、できれば、おなじ性の関係性が有効に機能するならば、思春期のトラブルはそれほど大きな逸脱を生まずに通りすぎることができるのではないだろうか。

教師はそのような関係性を期待される存在かもしれないが、現状でよく知られるとおり、教師の多忙さは一人一人の生徒との親しいかかわりを不可能にしている。また特定の生徒に肩入れすることは今やタブーである。そういえば、筆者の次男は中学のとき、テストの点数か何かで先生に約束をとり、頑張って約束を果たした級友たちと校区のラーメン屋につれていってもらったことがある。帰宅して、実に晴ればれとした笑顔を見せた。が、今ではとてもかなわぬエピソードだ。

　不登校はだれにでもどんな家庭にでも生じる。特に子どもが脆弱であるか否かにかかわらず、登校できなくなることはある。登校できない状況を重く受け止めざるを得ないのは、どこにも行く場所がなくだれも助けてくれないと、親も子どもも絶望するからだ。せめて、学校に行かなくなった生徒に対して、笑って接してくれるおじさん、おばさんの斜めの関係を確保できたら、ことはそれほど重大ではないと、みなが思える。そして、その状態からは割と早く解決が生じる。

文献
1　浅見直輝　『居場所がほしい　不登校生だったボクの今』
　　2018　岩波ジュニア新書
2　江川紹子　『私たちも不登校だった』　　2001　文藝春秋
3　笠原嘉　『青年期』　1977　中央公論社

4 不登校と児童福祉

子どもの福祉と直結する問題

　保護者が働いて日中不在の場合、不登校状態の児童は、致し方なく一人で在宅することになる。教育支援センター（適応指導教室）に通所することができればいいが、多くの場合教育支援センターの開始時間は保護者の出勤時間より遅い。自治体に一つか二つの開設となれば徒歩通所は難しく、小学生児童ならば一人で通所できない。結果、保護者が働いている間、子どもは家庭内に一人で生活せざるを得ない。

　不登校はだれにでも起こりうる事象だというならば、文科省は昼間子どもが独居することを認めているのだろうか。それとも、文科省も厚労省も、どのうちの子どももサザエさん一家のように、専業主婦と祖父母に守られていると想定しているのだろうか。女性の活躍を促進するといいながら、だれにでも起こりうる小中学生の不登校について、現時点での配慮は不十分である。

　この点については、児童福祉の視点からもっと注目され、問題の解決を計る必要がある。

　このような状態を指摘すると保護者に仕事を辞めることを迫る意見が出されることもあるだろうが、不登校という不測の事態に対して、すぐに父か母のどちらかが職場を離れるということはできない。ましてや、一人親家庭の場合どうだろうか。世帯を支えるために目いっぱい働き、帰宅後は保護者としての任をこなす毎日の中で子どもが通学しなくなると、単親世帯では子どもの監護はできなくなる。

川崎市中一男子殺害事件

　川崎市中一男子殺害事件は2015年2月におこった。多摩川の河川敷で13歳の中学1年生男子が遊び仲間の3人の少年に切りつけられ死亡した。遊び仲間であった年上の少年たちは、被害者が人気者であったことに嫉妬を感じたとも報道されている。

　被害少年は、家族での地方への移住がうまくいかず両親が離婚し、母の郷里で暮らしたのち川崎市に転居した。母親はいくつものパート勤務を兼務して4人の子どもを育てようとしていたそうだ。兄弟の仲はよく被害者はバスケットボール部でも人気者であったという。学校への適応は順調であったが、1年の夏には部活に通わなくなり、登校がまばらになった。

　保護者の監護を受ける時間が限られていると、ちょっとした日常のゆがみを立て直すことが難しい。中学生はまだ、大人の手助けが必要だ。その援助が得られず、学校生活に適応できていたはずの被害者が怠学傾向を示し、つるんでいた非行小集団によって死に至った。事件は陰惨を極め、例を見ないことのように報道されたが、不登校状態から非行集団に取り込まれることはめずらしくない。この場合も登校しないときの居場所が不良グループとつるむ路上しかなかったことに問題がある。昼間、保護的で安全、コミュニケーションのとれる居場所があれば、被害者も加害者も生むことはなかったと思う。

　保護者が、離職したり有給休暇をとったりできず、育児や暮らしをサポートする親族や隣人がいない場合、どの家庭においても子どもが登校を継続しなくなることはある。また、それ以外のきっかけで不登校に陥った場合も、児童の場合は昼間一人で過ごすことになる。

不登校は子どもの福祉と直結する問題である。手厚く育児に関与していて、子どもの虐待など思いもよらない保護者であっても、保護監督の必要な小学校低学年の児童を家庭に放置せざるを得なくなるのだ。このような状態を愛情の有無の問題にすり替えてはいけない。

新しい保護システムの必要性

　教育支援センターをグループホームのように小規模化し、地域ごとに設置する必要がある。児童センターを昼間の子どもの居場所とし専門のスタッフを増員するなども重要である。

　放課後デイサービスのしくみについては、安い料金設定になってはいるが、それを支払うことも難しい。なぜなら毎日そこに通うためには、相応の料金が必要となるからだ。フリースクールも同様の問題を抱えている。費用の問題は現状では超えにくい高い壁となる。

　また、日中一人で在宅している児童に対しては、外回りの支援員制度などを立ち上げる必要がある。保護者が監護も稼ぎも親密さもすべて与えることは困難な世の中なのである。スクールソーシャルワーカー SSW の活躍が期待される分野である。

　相対的貧困の状態の子どもが7人に1人に及ぶという。

　貧困によって子どもが学習の機会を奪われ、家族の親しい時間や場所を得られないことを、学校や各家庭の責任として放置していることには恐怖を感じる。まず一人親家庭への経済的支援をしっかり手厚くすることである。

　保護者が一人であれば、それだけで子どもが得られる関係性は少なくなる。直系の祖父母との関係も限られたものになりやすい。

まして、一人親は多くの場合母親であり、同年代の男性が1として、女性の収入は3分の2程度しかない。さらに子育てをしながら働く場合、非正規の雇用による割合が高い。当然収入は低くなる。子どもの病気、学校行事に仕事を休むと収入減に直結する。常勤の勤務では休暇を取り続けるわけにもいかず、時間給の勤務形態とならざるを得ない。子どもへの監護と生活水準を秤にかけるようなことを強いている。

　だれもが気づいている社会的問題がなぜ、放置されているのだろうか。不登校の問題を学校のしくみの硬直化だけに原因をもとめたり、家庭の教育力の低下だけを指摘したりする議論は、不毛である。学校で成長する子と学校以外で成長する子がいるという事実を直視しなければならない。

　不登校がだれにでも起こりうることであるとするならば、どんな家庭に起こっても子どもが無事に保護される環境を整備しておかなくてはならない。学生を派遣するメンタルフレンド制度がいろいろな自治体にできたことがあった。しかし、最近の大学生は授業の出席を厳しく管理されている。また各家庭の状況により、大学生が心理的に巻き込まれて振り回されてしまうケースも少なくない。ボランティアにありがちであるが、目の前の当事者に対してできるだけ暖かく対応しようとして、自分の生活を犠牲にし、燃え尽きて学業をおろそかにしてしまうこともある。学生の素朴な善意を頼った制度設計は無理だ。

　小学校の低学年の子どもが日中を一人で過ごすことに早急に対応しなくてはならない。どちらにしてもこれは教育や相談業務によって解決する案件ではない。福祉と教育の連携による対応が必要となるだろう。

保護者自身による居場所の立ち上げ

　さて、子どもが登校しなくなったとき、実際に保護者が頭を抱えるのは、昼間一緒にいる大人がいないことである。預ける場所がそう簡単に見つかるわけではない。そこで、保護者が自分で居場所を作り始めている。

　東京シューレの奥地圭子氏が不登校の居場所作りの創始者といってよいだろう。奥地氏は小学校の教師であったが、転校した小学校で高学年の長男が登校できなくなった。奥地氏も学校には行くものだとして登校を促すなどの親子のやりとりをかなり長い時間経験したという。理解者である国府台病院の渡辺位医師に出会ったことをきっかけに、不登校の状態の息子を受け入れ、居場所を自分で作ってしまった。

　東京シューレは、不登校の居場所としての日本のフリースクールの嚆矢となったことはよく知られている。カリキュラムはなく、居場所で他者とともに自分が過ごしてみたいように時間を過ごすうちに、子どもたちは夢中になれることに好きなだけ没頭したり、仲間とのイベント作りに奔走したりするようになった。

　シューレはその後教室を増やし、それだけでなく、学校教育法の一条校の中学校、そして2020年4月には同じく一条校の小学校を開校した。そのプロセスはまさに日本の不登校の子どもの居場所の歴史といってよい。ここでも紹介したいが、奥地圭子氏や、シューレ出身者によって発刊された不登校新聞の編集者である石井志昂氏らによるインタビュー集『学校へ行きたくない君へ』[1]から、その活動を読むことができる。

不登校の子どもにより、学校という場とは異なった学びの形と場に光が当たるようになった。その過程でどこにも行く場がなく、保護者と冷たい関係に陥った子どもはたくさんいた。その子を抱えて途方に暮れ、自分自身も精神状態を悪くした親もたくさんいた。

　現在、不登校の児童生徒数が激増しているが、一方で主として保護者による昼間の居場所と学ぶシステムが、こちらも燎原の火のように広がっている。不登校の子どもと保護者が、日本の教育の多様性を作っているといえる。最後の２章はそういった実践の紹介にあてる。

文献
1　全国不登校新聞社　編　『学校へ行きたくない君へ』　2018　ポプラ社

5　発達障害特性と不登校

発達障害特性と学校教育

　教育場面において発達障害というときは、発達障害者支援法に定めるように、自閉症スペクトラム症候群 ASD（法律に定められた時点では広汎性発達障害 PDD）、注意欠陥・多動障害 AD・HD、学習障害 LD の特性を持つうち、知的な障害がない例を指す。

　発達障害者支援法が制定されて、もう15年以上たった。教育場面で発達障害特性への対応が始まったのは2007年。今では、小学校中学校では「特性のある」という言い方が、発達障害を持つという意味で使われている。就学前に療育が受けられる機関が設けられており、就学相談でも特性についてオープンに話し合われている。3つの障害を合わせて、学齢期の子どもの6～7％は該当すると想定されている。支援法の制定によって、特殊学級は特別支援学級（固定級と通級がある）、養護学校は特別支援学校と名称を変えた。（呼称は変更していない学校もある）

　2016年の障害者差別解消法によって、障害の特性を持つ児童生徒学生は所属する学校において、特性の欠点を補うことのできるような合理的支援を受けることができると明文化された。公立学校でも可能な限り支援員が配置されている。発達障害においても配置されており、効果をあげている。

特別支援について

　発達障害の特性について、現在では小学校を中心に特別支援教室においてソーシャルスキルトレーニングなどが毎週実施されている。特別支援教室は各

学校にできるだけ設置されることが目標となったので、以前のように教室のある別の学校まで通わずに支援を受けられるようになっている。しかし、自分の所属している学級の授業時間の数時間を割いて支援教室のトレーニングに通うことになるので、その間の授業の遅れを埋めるための工夫が必要である。それでは、特別支援の固定級ならば都合がいいかというと、固定級の設置は各学校ごとに一学級というわけにはいかない。また、知的な水準の低くない児童生徒にとって、固定級での複式学級制度によって受ける学習では十分に学力を伸ばすことができない場合がある。学習水準を下げずに、発達障害特性の弱点を補うような仕組みはまだ十分に機能しているとは言えない。

　発達障害者支援センターが都道府県または政令指定都市に設置されている。自治体、民間等の発達支援センターの設置も進んでいる。対象の設定は各自治体、施設ごとに決められているようであるが、今のところ、未就学児童を主たる対象としているところが多い。また、利用者にとっても設置者にとっても使いやすく、経済的に成立することを考えると、どうしても都市圏か地方の中核都市に限られてしまい、利用できない地域も少なくない。

　発達障害への学習支援を主たる業務にしている民間の組織も増えており、放課後等デイサービスと並立されていることもある。

　放課後等デイサービスは、平成24年2012年に児童福祉法に位置づけられたサービスであり、近年増加している。障害のある児童生徒等（およそ18歳まで）が授業終了後、あるいは、休業日等に通所することを想定している。活動やイベントが設定され、仲間づくりや居場所としての機能をもつ。対象は障害のある子どもと規定されているが、療育手帳や精神障害者保健福祉手帳の類は必要ない。現実には障害特性がなくとも、過敏で学校の生活になじめなかった子ど

もも受け入れている。放課後等デイサービスと言いながら、開設時間帯はより広く設定されている場合もあり学校に通っていない児童生徒の居場所の一つとなっている。

この15年間で発達障害の問題への理解と対応、医療現場での診断も進んだ。ただ、情報が行き渡るにつれ、発達障害特性をあぶりだし、拡大してあてはめる傾向もみられる。学校への不適応傾向を発達障害特性に依拠すると安易に判断することも少なくない。情緒的な問題が背景にある場合も、小学校の低学年では落ち着きなく指示に従えず、感情を統制できないだろう。その見極めが難しくなっている。人はわかりやすい原因を追究しがちなのである。保護者であっても同様である。発達障害特性を有していたとしても、すべての問題となる行動の背景に発達障害特性があるわけではない。子どもの発達はどこかでかならず滞るものなのだ。

学校という集団での学びの場以外では、落ち着きを取り戻し自分の興味関心を伸ばす子どもがいることを忘れてはいけない。不登校状態の子どもが家庭にいることを保護者がやっとの思いで受容したときに子どもの状態がずっとよくなる、というのは、すでに多数の家庭や教師が経験している。そこから落ち着いて自分に合う教育場面を探すケースもある。

学校での不適応

発達障害特性を持っている児童生徒が不登校になったとき、学校は行かなくてはならないと認知しているからがんばって登校しようとする。矛盾や葛藤を抱えたまま上手に行動できない傾向があるので、身体症状が出たり、コントロー

ルができないほど感情が高ぶったり、教室から飛び出してしまったり、暗がりのすみに隠れたりすることとなる。その結果、保護者が家庭を学びの場として設定することになる。ホームスクーリングのいくつかの場所は、このようにして立ち上げられた。

　日本の家庭の経済状態から、保護者が家庭に在宅することは難しい。今後ホームスクーリングの場は増えていくだろうし、文科省が出席と同等と認めたICTを用いた教育課程を展開する個人的な学びの場が登場するに違いない。ホームスクーリングの教材開発も進むだろう。さらに、同様の子どもたちを集めてホームスクーリングする場所も広がる。自主保育の広がりと同様に、自主教育、自宅学習は、次の時代の主要な学びの方法となるだろう。

　発達障害特性をもつ人が働きやすい環境を整備することは、人材確保の点でも各人の幸福度を確保するためにも急務である。通過するのに困難な狭い基準をいくつも設定して、その基準を通過しなければキャリアを積めない世の中は、経済的格差だけでなく心理的な格差を生み続ける。解消する方法を探らなければならない。

　発達障害の特性を持つことによって学校での不適応が生じやすい側面は確かにある。

　ASD、自閉症傾向を持つ場合は、友達との関係で距離をとることが難しい。孤立しているだけかというとそうではなく、他者の人間関係に深入りしすぎて巻き込まれたりする。社交辞令とわからず、誘われると行かねばならないと悩むことも多い。また、感覚の過敏さによって、クラスメイトのあげる声の大きさや、教師が他の生徒を注意する声に耳をふさぎたくなることもある。聴覚か

らの情報を処理しきれずに教師の指示を無視したり、また、視覚情報のとりこみが困難なため黒板の情報を処理できずにいることも考えられる。発達障害にかかわる現場の方がしばしば、「発達でこぼこ」と呼ぶのは、イメージしやすい呼び方である。

　情報の処理の不具合があっても、自分だけの特質と理解していないときには、なぜ自分だけ失敗が多いのか理解できずに自尊感情に傷がつくことになる。光量の具合によっては、サングラスが必要な場合もあるだろうが、すべての生徒が同じ服装、不必要なものを持参しないという原則の前に、自分の不具合の調整など思いもよらぬということもある。ASD は、他者との関係性で困り感を抱えるだけでなく、感覚過敏の問題がその根底に大きくかかわっている。

　AD・HD の特性だけが強い場合、人間関係はうまくいくことが多い。人気者のことも少なくない。しかし、衝動性のコントロールが難しく、授業中座って指示に従った学習行動をとれなかったり、忘れ物が多くなりがちである。一つの課題に一定の時間集中して取り組むこともむずかしい。

　また AD・HD 特性によって、衝動的に怒りを行動に表してしまう傾向は他者から注目を集め、条件付けが生じやすい。怒りを爆発させることで自分の存在感を確認するような例もある。注目は無視よりも甘美な社会的刺激である。その結果非行グループから一目置かれるなど、ルール無視や器物損壊等の問題行動へと行動が固定化してしまうこともある。

　限局的な学習障害の特性は気付かれていないことも少なくない。知能水準に問題がなく、友人ともうまくいっているにもかかわらず、教科書を読めない、耳で聞いた情報を書きとれないなどの症状を、努力不足のせいにされて小学校

の高学年に至る例もある。学校での不適応の背景に、学習場面での困難が隠れていることがある。また、境界知能の問題が学校での不適応感のベースになっていることも実はまれではない。言語能力も高く、生活習慣がしっかりしていて、対人関係に問題がない場合、知的な問題が隠れていることに気付かれないことがある。

　限局的な学習障害だけの特性が出現する例はまれのようである。多くの場合、ASD や AD・HD、もしくはその両方の特性をもっている。この場合、ASD や AD・HD の特性への配慮が優先しがちであるが、限局的な学習障害への配慮を優先すると問題の解決につながることもある。限局的な学習障害への対処は具体的であり、ICT 機器等の導入により解決が可能なことが多いからだ。そういう配慮によって学級や授業への取り組みが進むことも考えられる。簡易な困難に対する補助具なども工夫されている。

　他者といることを嫌がらないときは、教育支援センター（適応指導教室）やフリースクールを積極的に勧めることがよいと思う。AD・HD 特性だけを持っている場合は、社会への志向性が高く、友人形成も得手である。学校への不適応から家庭内に引きこもるよりは、適応指導教室やフリースクール、放課後等デイサービスなどの居場所を探すことが重要となる。

　もし、オンラインゲーム等の没入に保護者が業を煮やして Wi-Fi を切ったり、度重なる注意によって家庭内で関係性が悪くなったり、暴力的なやりとりになりそうならば、保護者もまたゲームに一緒に関与することも考えてほしい。興味関心をだれかが共有していることが、やがて社会へと気持ちを向けていくための付箋のような機能を果たすだろう。

秀でた部分を伸ばす取り組み

　発達障害特性を有する児童生徒は、特有の部分において秀でている場合が多い。しかし、感覚過敏や、コミュニケーションの問題、自分の興味関心に没入する傾向などから集団に入れないという特性ばかりが目立ちやすい。一斉授業では指示に従うための指導はなされても、彼らが興味関心を持っている分野の知識やスキルを伸ばすことが難しい。

　発達障害特性に対して、ソーシャルスキルや、限局的な学習障害のサポート等の特別支援教育は進んでいる。しかし、彼らがもっている高い知的関心や、深い興味、なんでもやってしまう行動力を積極的に伸ばす教育の試みはまだ、始まったばかりである。

ROCKET　異才発掘プロジェクト

　東京大学先端科学技術研究センター　中邑賢龍研究室によって運営されている異才発掘プロジェクト　ROCKET は、ユニークな子どもたちの特性を発揮できる場を提供することによって、彼らの創造性や独自性を伸ばそうという試みである。特に発達障害特性のある子どもたちを対象としているわけではないが、学校という居場所に息苦しさを覚え、自分の興味関心を十分に伸ばすことができない子どもたちが集まり、結果的に発達凸凹の子どもたちが中心になって活動している。中村は自身の教育メソッド[1]について、一般に発達障害特性を持つ子供は自己評価が低くなりがちであるとして、肯定的な評価をすることを推奨する。しかし、ROCKET のメソッドでは、評価はするものの、叱ることも挑発も、注意も教育方法として積極的に用いられる。また、英語の学習や漢字の習得に反復学習が効果を持たない場合には、ICT 機器を積極的に用いて学習させることを勧める。視力が落ちたら眼鏡をかけて矯正するように、一

斉授業の形式において落ち込む能力に関して、ICT 機器を使うことで成績を伸ばすという方法論である。

文献

1　中村賢龍　『育てにくい子は挑発して伸ばす』　　2017　文藝春秋

6 不登校と進路、キャリア形成

広域制通信高校の開設

　不登校経歴をもった生徒を対象とした多様な高校の誕生によって、中学校での出席日数が少なくても高校への進学は容易になっている。特に平成16年2004年からの広域制通信高校の設立数増加によって、高校での学習の敷居が低くなった。筆者がかかわった事例でも、中学での不登校傾向にかかわらず、広域制通信高校では設定した日程を通学、卒業し、その後の教育機関への進学例が少なくない。

　広域制通信高校では、体験、実習を経験し、芸術や芸能の実践的な内容を学ぶことができる。その延長線上に大学教育をイメージしやすい。高校への進学により、自分がやってみたいことを学ぶための高等教育、専門教育という視点を持つことができた生徒は、自立的に大学、短大、専門学校などへの進学を検討し決定する力をもっている。

高等教育機関への進学は容易

　生徒数の減少から、高等教育機関への進学は容易になっている。不登校の経歴をもつ生徒が高等教育機関や専門学校に進学していく例はめずらしくない。全日制高校までの集団行動や一斉授業の形式に違和感をもって不登校を選んだ生徒にとって、大学はのびのびと学ぶことのできる場として歓迎される。

　高等学校時代には実習や体育などにも参加せずに過ごしていた場合も、試験の方法を選べば入学が許可される。しかし、社会的なスキルの不足や、学びたいことのイメージもなく進学したときは、大学でのオリエンテーションの場面に遭遇しただけでそのまま通学できなくなるケースもまれではない。自分で受

講する科目を決めて自分で登録するという自主的な受講システムにとまどってしまうのだ。進学が容易になったが、高等教育への入学によって解決が得られるとは限らない。

　高校生は大学進学という進路選択コースを、とりあえずという動機から選択することが少なくない。現在の短大、四大、専門学校合わせての高等教育機関の進学率は令和元年度の速報値で82.6％である。うち大学と短期大学を合わせての進学率は58.1％。いずれも過去最高値を示した。高等教育への進学を希望する生徒はこのところ増加しているが、積極的に何かを学びたいというよりも、高等学校の卒業資格での就業が難しくなっている情勢を反映している。

　勉強嫌いの生徒は自分の進路上の学業の負担感から学校を重苦しく感じてしまうことは推測にかたくない。結果、受験戦争がないにも拘わらず、中等学校での学業習得に不安と不適応感を強くするのではないか。その一方で学校と自分の関係性について考えざるを得なかった不登校経験者は、学びの場としての大学の特性について、感度が高い。

　教職課程の授業で、教育改革案を作るという課題で学生と話し合ったことがある。そこでの話し合いをまとめて、中等教育期間のどこかで1年間学校を離れて、社会体験をするという実践を提案したらどうか、という結論を得た。いわば、不登校のすすめ、である。

学校を一時離れる体験

　1995年阪神淡路大震災のあと、兵庫県において心の教育に関する専門委員会が設置され、その答申を受けて、「トライやるウイーク」という、中学2年生時1週間の間、地域でインターンシップを実施するという計画が実行に移され

た。筆者は石川県の教育委員会のスタッフと視察に行った。2年目のトライや
るウイーク実施中の時期であった。前年度実施した経緯と結果について、どの
先生も他の方を押しのけるように、愉快そうにしゃべるのであった。そっと見
ていたのだが、穏やかな校長先生は何度か口を開こうとしては、他の人の話し
出すのに先を越されて口をつぐみ、を繰り返しておられた。日が差し込む応接
室のその時の光景を忘れることはできない。

　これはもちろん、初めての試みに際しての効果であったと思うが、最初の年
度のトライやるウイークでは、普段学校に登校していなかった生徒も活動し、
終了後、なんらかの形で学校との関係がつくように変化した。筆者が視察に行っ
た学校でも、不登校状態の子どもが登校を開始する例が見られたそうである。
　先生方がしゃべりまくる報告会ののち、校長先生とともに、生徒たちが実際
に活動しているところを見に行った。スーパーでは、お仕着せのエプロンを付
けた男子生徒が校長の顔をみて、大きな声で身振りもつけて挨拶をした。やり
過ごして校長がにっこり笑いながら小声で、あの生徒は普段の校門でのあいさ
つ運動では挨拶をしない生徒なのだと。また、小さな駅の売店のレジに女子生
徒が二人で並んで作業に従事していたのを見たあとで、やはり校長が言うのに、
一人は学校に来ていない生徒なのだと。視察にきた人間を案内するという緊張
感はなく、静かな校長は子どもたちが生き生きと活動し、大声で「校長先生、
こんにちわ」というのに、うれしそうに挨拶をかえしておられた。

　その後、全国に職場体験は広がっていった。兵庫県での、一週間という期間
を学校と離れて過ごすという思い切ったアイデアは、生徒の心を揺さぶったの
ではないだろうか。

またトライやるウイーク以前、地域との関係は苦情電話という形が主であったところが、この試みのあとは、生徒の善行をほめる電話や、積極的に注意をしておいた、という教育参加型の報告電話に変わったのだそうだ。

　学校に通わないで成長した場合、保護者が心配するのは将来の職業だと思う。今は会社に入って定年まで昇給していくというようなライフコースはもはや成立していないから、不登校の経歴があるなしにかかわらず、親も当人も将来に不安を抱えているだろう。

　大学の教育の中で、不登校の経歴を話してくれる学生は少なくない。少なくとも私がみていた限り、彼らが不登校の経歴によって、社会に出ていくことを疎外されたことはなかった。むしろ、大学の授業へのコミットの仕方に自覚があり、大学で学ぶことへの意味づけがしっかりしており、評価が高かったように思う。

　不登校を経て学ぶことへの自覚をもって進学した場合、大学生活は豊かなものになっている。その結果、就職に関しては迷いなく、一般企業や教職を目指して活動していた。本人の自覚と学ぶことへの明確な意思によって進学した場合、中学高校での不登校経過は問題とはならず、むしろ積極的な学生生活を送っているといえる。

　広域制の通信高校から大学へ入学してきた学生も少なくない。その学校の特徴として授業の幅が広く、体験的な授業を受けることができたと、肯定的に述べてくれる例が多い。広域制通信高校や、設立時には不登校生に特化した学校は、時を経るうちに、多様な学び方が特性となり、中学生のときの登校日数とは関係なく、進学を望む生徒が増えている。広域制通信高校や、不登校に特化した自由度の高いカリキュラムの高校での学びは、大学での学習の方法論と通

底していることが多い。一度立ち止まったあとに、自分の学びをプロデュースできた学生は、大学卒業後の進路選択も自己決定できる強さをもっている。

　学校に行かないこと自体が、多くの自由な時間を生む。学校に行かなくなった子どもがゆっくり自分の心の中に沈潜しきったのちに、底を蹴って水面に上がってくるのを待つ時間は重要である。そこから、学校への復帰を目指す子どももいる。そうでなくとも、その時点で興味関心をもったことに向けて、きちんとやってみたいと本人が言い出すことのできる親子関係を保つことは、大人の努力にかかっている。

　中学生の不登校状態の子どもをもつ保護者は、通信制の高校や対応の整ったフリースクールなどの情報を集めておくことも重要である。必要な情報は、親が焦って提示してもけんかになるだけだという経験をお持ちの方も多いと思う。しかし、かならず親が提示する情報に子どもが気持ちを向けるタイミングがある。親と子どもの両方に目配りしながら、心的距離を保つことのできる伴走者＝カウンセラーや精神科医、ピアカウンセラー、との継続的な相談が重要というのは、こういうタイミングを見計らうことのできるサポートが必要だからである。

　子どもが自分でやりたいことを見つけるのは大変なことである。多くの高校生、大学生は、職業は経済的な自立のためと割り切っている。その上で可能な限りやりがいや、じぶんの特性やスキルを活かすことのできる分野が望ましいが、必ずしも一番興味のあることを仕事にすることにこだわってはいない。
　一方学校に行かない時間の長かった生徒は、仕事に関して自分の興味関心を

マッチングすることにこだわるだろう。学校とのマッチングがうまくいかなかった経験から、長く続けられそうな仕事、職業、職場の選択に慎重になるのは当然の帰結である。また、自分がのびのびと活動できる環境かどうかということに、無関心ではいられないだろう。

　どの程度自分が妥協できる環境か、職務内容かという見極めが冷静にできることは、不登校経験者の強みでもある。そのためには、周りが焦って社会的な場への復帰を急ぐのではなく、自分から動き出すタイミングでの周囲のサポートが必要となる。ここでも保護者がそのサポートをうまくできるためには、親のサポーター（専門性をもった相談相手や不登校の子どもをもつ親のコミュニティ）が必ず必要となる。

　30年以上前になるが、筆者が教えた夜間部の学生C君は長い間学校に通っていなかったらしい。夜間部で教職課程の単位も取得しようとする彼は、授業中の発言も多く、はつらつとしていた。当時の夜間部は公務員や看護師など、フルタイムで勤務しているいわば大人も多く所属していたので、職業や社会生活の見地から授業中の発言がなされ、昼間部の授業よりも活気があり、その環境はC君には居心地のよいものだった。
　C君は、昼間塾の講師をしていた。彼は学校にいっていない高校生を誘い、塾の経営者を説得して、私製のサポート校のようなシステムを作り上げてしまった。どうやって集めたのか聞きそびれてしまったが、人づてにでも不登校の生徒を集めたのだろう、集団と呼べるような人数であった。もちろん学校に通っていなかった時の学習を進めていたが、それだけでなく体育の時間や遠足のようなイベントを設定し、生徒たちに集団のやりとりの面白さを経験する塾

の附属組織を作り上げてしまった。行動力のある学生はどこにでもいる。しかし彼の場合、学校という仕組みを一度否定したあとだからこそ有することのできた行動力であった。学校に行かないという期間には、行かないことによる学びが生じる。

不安定なキャリア形成

　不登校ゆえのキャリア形成の問題というよりも、現在の若い人全体へのキャリア形成の問題にも言及しておきたい。ちなみに、高校新卒就業者のうち、正規雇用の就業者は17.5％、大学の場合、正規雇用者は75.3％である。

　今年度はコロナの影響で、大学生の就活もオンライン面接になるなど、急な仕様変更で戸惑いも多かった。去年までは90％以上が卒業までに内定を決めていた。ただ、これは、就職希望する学生のうちの内定率である。学生の中には卒業後専門学校や大学院への進学を計画していたり、家業に就業したり、採用試験の浪人をするなど、いろいろな事情で進路を決めずに卒業していく者が少なくない。

　また、卒業時に就職する企業を決めても、３割が３年以内に離職する。この傾向はもう20年近く前から続いている。キャリア形成の過程で転職が普通のことになってきたので卒後３年の離職はそれほど問題とも考えられなくなった。とはいえ、就職活動にかける時間とエネルギーと費用を考えると、もう少し同じ企業で勤務できないものかと思う。卒後３年に限らぬ数値であるが、単年度の離職率は常に女性の方が高い。

　終身雇用制を信じることができた親の世代は、子ども世代の離職、転職の多さに不安を覚えるだろうが、より働きやすい職場に変わることを目指しての離

職も多いので、職を変わることそのものを問題視する必要はない。ただ会社を辞めることが社会との接点を失うことになってしまう場合もある。離職したことを責めず、復職を焦らせず、じっくり本人のペースで就業を決めるのをサポートしたい。

　流動性の高い就業形態へと社会全体が移行しているのだ。親の世代の常識が通用しなくなっている。実はもう一つ前の世代は、就業転職などざらに繰り返す時代に青年になっている。大学新卒就職定年までというサラリーマンのすごろくは、昭和の一時代のものだったのだ。

　筆者は大学において教職資格の科目を主として担当している。入学時、保護者から大学卒業までに資格を取得することを、学費負担の条件として提示されている学生が結構いる。

　学生自身が資格に関心と興味を持つことができる場合は、親の叱咤激励はプラスに作用する。しかし学生が興味を持つことのできない資格取得を条件にした進学、あるいは、資格取得の強制は、親子関係に軋轢を生むだけでなく、その他の授業においても当該学生のやる気をそいでしまう。専門性を担保するために資格取得に必要な授業コマ数が増えている。また、実習やその他の社会活動への参加が必要となるために、卒業に必要な単位以外にもかなりの時間を割かなくてはならない。昨今、アルバイトで自分の経費をまかなう学生が一般的であり、卒業に必要な単位と資格取得に必要な単位と、さらに部活にアルバイト、で、真面目な学生ほど苦しんで、結局何かをあきらめざるを得なくなる。場合によると、資格取得をあきらめなかったために、４年間での卒業が不可能になることもある。

不登校経験の学生は、こういうときでも、自分の限度を知っていて無理をしない。そういう意味では安全運転である。しかし、もともと人間関係のプレッシャーに弱いと、時間のやりくりのストレスから、身体や精神の失調状態に陥ることもある。

　せっかく不登校になって自分の生き方にこだわってみたのだから、大学でも自分らしい過ごし方をしてほしい。保護者には一見ゆるい生活でも、子どもが自分で決めたスケジュールに関心をもって見守ってほしい。

学校に行かないさなぎの時期に成長すること

　不登校の経験から、自分にしかできないキャリアを得た2人と臨床心理学者の河合隼雄氏の対談『あなたが子どもだったころ』[1]から引用しておきたい。

谷川俊太郎氏

　生まれも育ちも東京であった谷川氏は疎開で京都の中学に在籍したが、そのあたりから学校への通学に嫌気がさし、終戦後、東京に戻って新制高校の高校生になったころから学校に行かなくなった。結局定時制に編入して高校を卒業する。

　現在と異なり、終戦直後はまだ高校に進学することがぜいたくな時代である。定時制高校は昼間仕事をし、夜間に学ぶ大人の社会であった。しかも戦地から戻ってきた大人や戦中には学校に通えなかった女子生徒もおり、大人の学びの場が気に入って、ちゃんと卒業した。谷川俊太郎氏の父親は高名な哲学者であり、一人息子の俊太郎氏が大学に進学することは当然期待されるルートであったが、結局高校卒業後進学せず詩人になる。

　学校への不登校も、大学に進学しないという決心にも、両親は常識的な線を

押えながらも強く反対することはなかったそうだ。

日高敏隆氏

　高名な昆虫学者で、のちに京大教授、滋賀県立大学長となった日高氏は、病弱な子どもであったそうだ。2.26事件の日も病院の窓から雪を見ていたという。その後日本は軍部による政治が敷かれ、戦火を自ら切ってしまう。すべての国民が戦争に向かって協力しなくてはいけない、学校でも生徒は小国民と呼ばれて、軍事教練を受ける、そんな時代である。

　小学校3年のとき、東京の小学校は軍事教練にあけくれ、ことあるごとに体育的な方向へと向かった。なじめずに先生やクラスメイトからばかにされる毎日が続き、やがて休みがちになっていく。担任が変わってからも日高少年は不規則登校を続け、学習はとん挫する。そんな日、担任教師が家を訪ねてくる。そして、父と少年を前にして、「君は死のうとしているだろう」という。少年は軍国主義の中、登校することもできず教練にもついていけず、自分の好きな虫集めを認めてもらえない状態で、死にたいと思っていた。

　言い当てられて驚いた少年と父親の前で、担任は、「この子は死のうと思っている、それならば、昆虫を学ばせてやってほしい」と父に頼む。勢いに押されてうなずいた父。そして担任は少年に向かって、昆虫を研究するならば、文献を読むための国語も必要、算数も必要、と教科を学ぶことの必要性を説き、納得させると同時に、軍事教練で大臣から評価されている小学校から別の学校に転校することを勧めた。この担任の訪問によって、日高敏隆という、日本の昆虫学をけん引する研究者が生まれた。

文献

1 河合隼雄　他　『あなたが子どもだったころ　河合隼雄　対談集』
　1991　楡出版

7　保護者による居場所の立ち上げ

不登校の子どもは昼間どこにいればいいのか

　学校に行かない児童生徒が増え続けているということは、その子どもたちの昼間の居場所をどうするかという問題が生じる。フリースクールや教育支援センター、放課後デイサービスなどの機関は増えているが、費用、時間帯、距離の問題からも、登校しなくなった児童生徒がスムーズに居場所として通えるとは限らない。わが子の不登校に悪戦苦闘し、登校しない状態を受け入れようと腹を括った保護者、ほぼ母親によって、昼間の居場所が次々と立ち上げられていった。ここでは、神奈川県を拠点として活動している「多様な学びプロジェクト」、山口県でフリースクール、保護者支援を立ち上げた「ハッピーエデュケーション」を紹介する。また、集団での行動を苦手とするわが子の就学をきっかけに、自らの仕事を非正規雇用に切り替えてホームスクーリングのシステムを作り上げた日本ホームスクール支援協会　理事　佐々木貴広氏の活動についても、『ホームスクールのはじめ方』[1]から引用して事例としてとりあげたい。

多様な学びプロジェクト　—街全体を学びの場へ—

代表　生駒　知里氏

　立ち上げからたった2年とは思えないほど、たくさんのコミュニティが賛同し加わって協働している団体である。その目的は不登校の居場所と学びの場作り。次の活動が展開されている。

★子どもの居場所としての「街のとまり木」作り

★学びの場としての「まちの先生」
★地域の抱える課題を子どもたちによる解決をめざす「コドモギルド」
★子ども対象オンライン授業
★親や大人に向けたオンラインサロン、オンライン講座

「街のとまり木」

　街のとまり木は、不登校の子どもたちが昼間安心して居場所とできる場所。そこでは、理解され、詮索されず、口に出せない思いがあることを了解し、昼間の居場所として開かれている。

　その意味を「見える化」するために、缶バッジやステッカーがつくられている。街のとまり木には、図書館、公園、家、店舗、など様々な規模の場所や空間が参加し、その数350か所以上にのぼる。

　街のとまり木は全国に広がっている。ステッカーやバッジのロゴは、活動の趣旨に賛同したデザイナーにより、代表の持っているイメージをもとに作成された。幹から枝先が5つに分かれた樹木の上空を鳥が飛んでいる。地上には枝を広げた木が待っていることで、安心して空を飛ぶことができる。鳥は悠々と翼を広げている。

　このステッカーや缶バッジを作ったことは大きな意味がある。缶バッジを付けている子どもは、その意味を知っている大人に受け入れられる。またステッカーを貼った場所は、学校以外の居場所を探している子どもたちを、侵入的にならずに受け入れるサインを送ることができる。街行く人は、何の印か、と折りがあれば尋ねるだろう。そうして、学校以外の場を必要としている子どもたちへの認識が形成されていく。不登校の居場所作りという概念そのものが社会

に浸透していないわけだから、このステッカーやバッジによって、見える化が図られる。

「まちの先生」

まちの先生は、地域の人材と活動を子どもに教え、協働作業を経験させてくれる。農家の畑の一部を借りての作物づくりなどは継続している「まちの授業」である。副代表の萩原裕子氏による埼玉でのコドモ農業大学などがある。

「コドモギルド」

コドモギルドは、地域の課題を子どもたちのチームで解決を図ろうとするもので、プロジェクトベースドラーニングの実践を目指している。課題解決学習は、学校においてもアクティブラーニングの方法として定着している。しかし学校教育では時間割の制約があり、課題を発見しそこから各人の問題意識や疑問の広がりを回収する時間的余裕がない。ここでは、子ども自身が疑問を発し、ネットや人への質問、書物によって解決し、話し合うために必要な時間を確保して進めることができる。

「オンライン授業」

オンライン授業は、探求型の学びを異年齢の仲間と実践することを目指している。コロナ下で、どの学校も多かれ少なかれオンラインによる授業を実践した。しかし、多様な学びのプロジェクトでは、コロナ以前に、通信による教育の専門家と連携して試行されてきた。いわゆる教科学習の枠を超えた内容で実施されている。

「オンラインサロン・講座」

　支援者や保護者、当事者も含めての学習オンライン講座、ミーティングが毎月開催されていて、今は全国で同様の活動をしているフリースクールやホームスクーラーが参加し、それぞれの講座やミーティングも公開されている。

　多くの賛同者と協働スタッフをもち、全国にとまり木を広げ、連携するコミュニティが増えている。しかし、これがたった2年間での成長とは、だれしも驚く。2年の間にNHKをはじめ、たくさんの報道の対象となった。

　この場を立ち上げたのは、立ち上げ以前は家庭の主婦であった生駒知里氏である。

　長男が小1のときに不登校になり、混乱と試行錯誤に疲れ果てる経験をした生駒代表であるが、長男の不登校開始から4年目にやっと、子どものペースの学びを見守る、穏やかな日を送れるようになった。

　しかし周りを見回すと、かつての自分のように不安と葛藤で辛そうにしている親子が目に入る。そういう人がもっと楽になるような活動をなんかやろうと、当事者の長男と語ってフェイスブックに投稿したことから活動が始まったそうだ。聞いて、二度びっくりだろう。しかも代表は2021年春現在長男を筆頭に7人の子のお母さんである。

　フェイスブックでの呼びかけに、いいね、はつくかもしれないが、実効性は高くない。通常は別の努力や人脈が必要となる。しかしどうやら、本当にフェイスブックへの投稿がシェアされ、賛同者が集まり、賛同者が代表の持っているイメージについて具体的な提案をし、その提案を具現化するスキルを持つ人が、格安の料金か無償の手作業を買って出て…というようにあれよ、あれよと

いう間に形になっていったそうだ。

　もちろん、そこには代表自身の他者へのリスペクトと、自分にない情報やスキルについて、素朴に質問する「癖」があったからだ。

　ではその代表自身が、長男の不登校も笑顔で対応したか、というとそうでもない。学校に行かなくなった子どもの保護者がごく普通に見せる戸惑いと、自責と、家族との考え方の違い、などを数年にわたって経験した。

　筆者は代表が2年間で活動を広げた経緯を語るオンライン講座を受講した。長男がその折り折りに見せる表情や言葉を丁寧に覚えていて話された。この経緯はいつか公開されることがあると思うのでここで開陳しないけれど、次のエピソードだけは引用させてもらおう。

　誰も助けてくれない、という落ち込みで自身が寝込んで立ち上がれないような数日があったある日、隣の部屋で4人の子どもたちが一緒に遊んで笑っている声が耳に入った。母は寝ていて、何もしていないのに子どもたちが笑っている。「私、何も失っていないんだな」、と気づいた、という。

　生駒代表は自主保育グループを仲間と運営していた。それなら「おうち学校」を始めようと考えられたのだ。また、子育てに入る前に、川崎市子ども夢パークのオープニングスタッフとして働いておられた。この経験は多様な学びプロジェクトに活かされている。

　10月のオンライン講座では、連携しているとまり木のコミュニティ3つが紹介された。藤沢市で街全体を巻き込んだ「ホームスクーリングで輝くみらいタウンプロジェクト」の小沼代表、世田谷の老いも若きも職業のあるもなしもそこを居場所としているコミュニティを根城にして、学校に行く子も行かない子

もともに育つ場を形成している「らくちん堂カフェ」とそのカフェの応援隊「らくちん堂お母ちゃん隊」。そして、多様な学びプロジェクト萩原裕子副代表による地元埼玉で、埼玉大の学生も参加する子どもの学び場の形成が2時間のオンライン講座として提供された。どのコミュニティも、わが子の不登校をきっかけに、居場所作りとして始められた活動であるが、やがて他者と連携し協働し、地域やコミュニティ全体とつながる体験的学びの場となっている。

　そのようなムーブメントは決して首都圏だけにとどまらず、全国のここかしこで広がっている。次に山口県で子どもの不登校をきっかけにフリースクールを始めた村上氏のこれまでを紹介する。

・多様な学びプロジェクト―街全体が学びの場―ホームページ
　https://www.tayounamanabi.com/
・多様な学びプロジェクト　どうやって6人の子育てをしている主婦が2年で全国に広がるコミュニティを作れたのか？多様な学びプロジェクトはじまりのストーリー　2020年11月21日

ハッピーエデュケーション

主宰　村上　忍氏

　山口県山口市徳地船路にある古民家を利用したフリースクール。主宰者は村上忍氏。もう一つの職業はスポーツインストラクター。一人息子R君の小1からの不登校を契機として3年前に立ち上げた。不登校の子どもの居場所作り、保護者支援、子どもの育ちをテーマとした啓発の3つを中心に活動している。地域の環境整備、自然体験イベントなどを広く手掛け、いつのまにか人が集ま

り緩やかな紐帯によるコミュニティが形成されている。

メッセージはシンプルだ。

「不登校は悪くない！」
「子どもたちの主体的な学び」
「みんな違ってみんないい」

そうだ、金子みすゞは、山口の人だった。その血脈は受け継がれているようだ。

一人息子R君は小学校一年生の秋まで無遅刻無欠席、元気な小1だった。ところがある日登校できなくなり、「ママごめん、僕死にたい」「学校やめたい」と言葉にしたのだそうだ。仲良しだと思っていたグループからいわれのない排斥を受けてのことだった。R君は4、5歳のときから他の子どもが困っていると自分の持ち物をそっと差し出してしまうような対他的配慮のできる、というか、配慮をしてしまう子どもであった。他者を傷つけないよう、迷惑をかけないよう、といつも気にしているような子ども。

母に学校に行きたくないと告げた後も、登校しなければならないと強く思っていて、登校準備をし終えて家を出る時間になると意識を喪失するような身体化が長い期間続いた。

村上氏も学校には行くものだ、行ってほしいという気持ちから、なだめたり頼んだり、強く登校を促したりという、不登校の親ならば必ず通る道筋を通った。

しかし、「この子は学校が合わないんだ」と納得し、「行かなくていいよ」と告げた。そこで親も子どもも楽にはなったが、さて、では学校以外に行くとこ

ろがない。それでは、と自分でフリースクールを立ち上げてしまったそうだ。なんだか親子のサバイバルゲームみたいで、話を聞いているとこちらが愉快になる。

　村上氏はこういったいきさつをRくんの了解を得て、他者に話し続けてきたそうだ。その話を聞いて、同じ不登校の母親たちが相談にくるようになり、やがて保護者サポートの必要性に気付く。

　そうして、市民活動支援センター和室を利用しての週に一回の不登校の子どもの居場所、兼、保護者（主に母親）が話のできる場所を提供した。この最初のハッピーエデュケーションの場を立ち上げるとき、同じ不登校の保護者、カウンセラー、など5、6人が核になって任意団体をたちあげた。そのときにすでに30人くらいの応援メンバーがいるコミュニティになっていた。

　8畳の市民活動支援センターの和室はすぐに手狭になり、他の団体が使っている家、閉園した保育園の園舎などを経由して、2020年の8月に山口市郊外の現在地に一軒家を構えて、継続的な活動の拠点を作った。

　広い敷地は草ぼうぼう。トレーナーとしての仕事とフリースクール、コロナ下におけるオンラインの各種講演の開催など多忙の合間に、まず草刈りにとりかかった。

　熱心に草を刈り土地をよみがえらせていく姿は地元の人の信頼感を醸成していった。やがて草刈りは共有地にも及び、地域の人との環境整備へと発展しているらしい。

　その合間に、食糧調達？に釣り糸を垂れることも忘れない。彼女の多忙な活動には、どこかユーモアがある。他者を責めない。でも、自分が傷ついても信じていることを発信し続ける。対話を続ける。人と人が信頼する基本的な行動

によって、不登校の子どもたちとその保護者の信頼を得、活動を広げている。最近では、地域に伝わる大きな木組み道具「だいがら」を使っての餅つき会の様子をフェイスブックで見ることができた。フリースクールに通う子どもたちも、接待や餅つきの手伝いに忙しそうであった。

やがて、現在地において、全国から、不登校や不適応に悩む子どもと保護者が自然体験をしにやってくる活動を次の行動目標としている。

https://happy-education.amebaownd.com/

電話によるインタビュー　2020年11月　聞き手　吉村　順子

『学校に行かずに家庭で学ぶ　ホームスクールのはじめ方』[1]

佐々木　貴広氏

保育所に行きたがらない次男が就学の時期を控え、集団への参加をいやがる状況をホームスクーリングという対処法によって乗り切ろうとした家庭の物語。

次男は保育所の特定の状況に忌避感をもっていたわけではないのだが、登園を渋るようになっていた。園に行かないでいいと親が言ったとたん、身体症状がなくなり、不安な表情をしなくなった。また、みんなで遊ぶことより一人で本を読むことを好んでいた。父はその傾向を見て、自宅で学習させることを決意。就学の半年前くらいから、学校（校長）と協議した。

校長からは、家庭で学習することに問題はないが、欠席扱いになることを告げられた。校長としても就学前の子どもの父親が家庭学習させる、と言いに来校したのには、戸惑ったことと推測する。学校との協議の末、学習課題を設定し、子どもに予定を作らせ、午前中の学習時間を設定。その後はできるだけそ

の子の興味関心の向く行為をサポートするような形でホームスクーリングを運営することにした。そして、次のような設定でホームスクーリングが開始された。

- 学習教材は通信教育の教材を使用。学校の教科書も説明等に利用
- 習い事は継続
- 博物館に行くなど、家の外の社会的施設での学習活動
- パソコンを使わせる。検索、新聞つくりなど
- 先取り学習
- 作文等アウトプットは主としてパソコンを用いる
- その結果、運筆に課題がのこった
- 興味関心をもった事象についての調べ学習に重点をおいた
- 外部機関に行くときは保護者同伴。そして、同じように関心をもって楽しむ
- どこに行くか、どうやっていくかを調べて計画を立てるのを「自分デザイン」として尊重

　学習記録をとっておき、1カ月に一度程度校長と面談を設定して、記録を提出した。校長の面談では子どもとともに入室し、子どもの前でこれだけ学んだという成果を親が校長に示すことにした。

　ホームスクーリングにあたり、教育関係の企業に勤務していた父親は自ら契約雇用を選択し、社会保険を担保して、ウイークデーの3日間を在宅とした。週末には祖父母宅で過ごしたり、祖父母の支援によって公文教室に通うなど、

学力を伸ばすことに重きを置いた。祖父母にこの学修のしくみを納得してもらうことが難しかったという。目的の中心から少しずれてはいるが、子どもの能力を伸ばすための家庭教育である、と説得したと記述にある。

　さて、２年生になったころに次男は学校で学ぶようになる。自分で行ってみたいといって登校を開始した。その間、父親はほかの子どもたちを受け入れてフリースクールのような形態にしており、持続的に運営している。どのような形であれ、親が教育にコミットしない限りこの方法は取れないと、佐々木氏は指摘している。

　佐々木氏は家庭で学習するシステムを構築しようとした。決して、自由勝手にさせることをもってホームスクーリングとは呼んでいない。アンスクーリングと呼ばれる、学習課題を設定せず本人の自発的に取り組む課題に添って学習する方法論をとったとしても、そこには極めて繊細で強力な保護者のサポートが必要であると指摘する。

文献
1　佐々木貴広　『学校に行かずに家庭で学ぶ　ホームスクールのはじめ方』
　　2020　秀和システム

8　オランダの教育事情とオルタナティブ教育

多様な学び環境を増やすために　オランダの教育に学ぶ

川崎　知子氏

2020年11月15日　山口県ハッピーエデュケーション主催講演より

　川崎氏は都立小学校教員として勤務したのちイエナプラン教育専門教員資格を取得され、現在は広島県でイエナプランを導入した公立小学校に勤務。資格取得と、長男をイエナプランの小学校で学ばせたかったことを理由に、2017年9月から2019年11月までオランダに家族で滞在。

オランダの教育事情

　オランダの教育事情は何から何まで日本と違う。実際に二人の子どもの保護者としての経験を聞けたのは何よりであった。以下、講演で聞いたオランダの教育事情についてまとめるが、この部分はリヒテルズ直子『オランダの教育』[1]の記述により補足している。

　オランダは自転車が多く、自動車より道路では優先されている。最初に同性婚を法律で認めた国であり、大麻や成人における売春を合法としている。他者も自己も自分の責任において行動選択の自由を優先することを重視しているからである。

　また、オランダは2013年に子どもの幸福度世界第一位に評価された。その後も高い幸福度評価を維持している。その他、教育制度のユニークさは世界中から注目されている。

オランダの公教育システム

● 教育費はすべて無料。私立も公立も無料。公立と私立の割合は3対7。学費はどこも無料なので、子どもの特性や興味関心にあった学校を選ぶことが重視される。

● 生徒が200人程度あつまれば、だれでもどんな方法でもどんな理念によってでも学校を設立することができる。設立の費用と運営の費用は等しく国から支給。

● 4歳の誕生日から入学することができるが、標準的には5歳の誕生日から12歳の学期終了時までが小学生。誕生日が入学の日なので、一斉に一年生ということはなく、常に新入生も転校生もいる。

● 発達障害の特性をもっている生徒に対しては、インクルーシブ教育の制度がいきわたっているが、特別支援教育もある。発達障害特性の子どもを積極的に受け入れる私立学校も多いので、選択肢がたくさんある。

● 個別支援の計画と発達を専門の教員が把握しており、教育の効果が得られないと判断した場合は、児童、保護者、関係者を交えて話し合いをし、より教育効果が上がる教育システムの学校への転校を勧めることも多い。その際、子どもに、より効果がある学校への転校を、関係者がためらわない。

● 小学校のあとは、3つの学校システムに分かれる。一番多く進学するのは、職業訓練を中心とした学校群。一方将来研究的に学びたい生徒は大学院を見据えた大学コース。もう一つの群は教師や看護師、などの高度な知識を必要とする技術職コース。途中からコースを変わることは可能。

● 不登校については、正当な理由なく学校を2週間休んだ場合、保護者に通告が届く。そして、学校に通えない理由について当事者とともに話し合い、その子に、より適った教育方法の学校への転校を検討して、実行する。

●教育内容の自由度は高く、公立の学校でも各学校に内容の多くは任されている。日本の学習指導要領のような細かい内容を定めたものはないが、12歳の卒業までにクリアすべき項目が全部で58項目設定されている。例　オランダ語12項目、英語4項目、その他の語学6項目　数学11項目、自分と世界のオリエンテーション20項目、芸術3項目、運動と身体に関する科目2項目、という具合である。項目自体は細かく内容を決めたものではない。

●落第制度がある。1960年代、日本では詰め込み教育や落ちこぼれがそろそろ問題になってきたころ、オランダでは一教科でも決められた水準まで達しない場合は、学年単位で小学校においても落第という制度があった。しかも落第する生徒が元の学年にたまっていくことで教育費も増大した。そこから大きな教育改革が行われていった。今では、12歳までの間にすべての基準をクリアすればよいという制度に変わっている。

●相対的な評価はしない。一律の試験も実施しない学校が多い。

●子どもの特性や興味関心にあった学校選びが重視されるために、転校は容易で日常的である。転校してきた生徒、入学してきた生徒は、それまでに在校している生徒が自然とメンターになって、溶け込むのを助ける。

●3年くらい前から一人一台タブレットを利用して学習を進めている。

●義務教育において入学試験はない、順番待ちはある。

●教材費はすべて国から支給される。それをどのように使うかは校長が采配する。例えば、遠足の費用やその昼食もすべて無料である。

●個人が自分の進路に合わせて学習することが尊重される。レベルごとの教材棚のようなセットがあり、教室内に設置されている。そこから自分の進度にあったものを取り出して自主的に学習を進めていく。そのために教材は豊富に設置されている。

子どもの医療システムについて

●保険はすべて民間で、どのような治療を保障するかはまちまち。大人は自分の補償範囲を見極めて契約する。大体月に一万円くらい。保護者が保険に入っていると自動的にその子どもの医療は無料になる。

大人の労働環境について

●よく知られているようにオランダはワークシェアリングの先進国である。大人は多くの人が週に３日か４日の勤務を設定している。管理職も例外ではない。小学校は毎日２時半ころに終了するが、その時には、父親と母親が同じくらいの割合で迎えに来ている。

イエナプラン教育（小学校）のしくみについてオランダの例から

　イエナプランは、ドイツのイエナ大学の教育学教授のペーター・ペーターゼンが1924年大学付属の実験校で開始した学校教育。異年齢グループでクラスを編成した。４、５、６というように３年の異年齢でファミリーグループを作る。小学校の間は３つのファミリーグループに属することになる。グループ内の年長者は、通常年限がきたら次のグループに移行する。そして、毎年年少の生徒が加わっていくしくみ。年限の中では学年という概念はないが、グループ内での落第の仕組みはある。９月が新学期。

　活動は対話、遊び、仕事（学習）、催しの４つからなる。学習は自立学習と協働学習の２種類。

　催しは週の初めの会、終わりの会、年中行事、誕生日、など。喜怒哀楽の共有により共同体意識を育てる。時間割は教科では作られない。朝の最初の枠は

グループによる対話の時間となっている。対話の時間は相手の話を聞くことが尊重され、話題を共有しやりとりする時間は学校全体としては静かに進む。

　学校は生と仕事の場。総合的な学習の時間（ワールドオリエンテーション）を尊重し、インクルーシブな教育が基本。ワールドオリエンテーションという、世界、他者へと自分を関係づけていく学習スタイルは、オランダの公教育にも取り入れられている。「自分と世界のオリエンテーション」という学習群がそれである。なお、日本の総合的な学習の時間も、ワールドオリエンテーションの影響を受けたと想像される。教科に関する学習はブロックアワーという呼び方がなされ、授業時間も期間も集中的に設定し学習する。

　オランダでは、発祥地であるドイツよりもイエナ教育システムを取り入れる学校が多く、公立校においても、イエナプランの教育課程を取り入れるところが少なくない。同様に、シュタイナーやモンテッソーリの教育法を取り入れる学校もある。オルタナティブ教育の有効性が共有されているので、よいところは他の仕組みの学校でも取り入れているようだ。

イエナプラン教育校での一日のスケジュール例
8時半　　対話
9時　　　ブロックアワー
10時10分　フルーツアワー（おやつ？）
10時20分　外遊び
10時45分　ブロックアワー　　自立学習
12時　　　ランチ　外遊び
12時45分　グループワーク　（ワールドオリエンテーション）

14時半　　下校

　イエナプラン教育では４つの活動にそって一日を過ごす。

対話　朝必ず行う。自分のことを話したり、他者の話を聞いたり。テーマが与えられることは少なく、グループで話したいことを話す。静かに聞くことを重視する。他者と自己の受容ということが重視されている。この対話の時間が必ず一日の最初に行われていることによって、生徒は他者と自分の存在の相互的な尊重という態度を自然と身に着けることになる。

遊び　自由に遊ぶことによって興味関心が育つと考えられて、重視されている。

仕事　生徒にとっては学習ということである。自立的な学習の時間と、テーマやコンテンツを共有する学習の時間があるようだ。対話のあとはこれも必ずブロックアワーが設定される。一つのテーマに対して連日学習し、数週間で一つの内容を終了させるところが特徴的である。

催し・イベント　誕生日、季節の催し、芸術等の発表会などを重視し、うれしい、楽しい、悲しいなどの感情を共有し、一体感を形成する。

　以上が川崎氏によるオランダの教育とイエナプラン教育の紹介要旨である。子どもたちの学校選びの実際が、その時、保護者として驚き、心配したことも含めて時系列で話されたので、こちらもどきどきしてしまった。実に面白い時間を過ごした。不思議なことにオンラインの講演というのは、講演会場で直に聞く話よりもずっと身近に聞き取れる、ことがある。コロナの感染者数が増え

て、急遽オンラインでの講演となったので、川崎氏がネットにつながりやすい場所を探して二階に上がっていかれたり、子どもさんの影や声が見え隠れしたり。ネットでの対話は温かい関係の足掛かりを作ることができる。

　講演の後半には、グループ分けして、ワールドオリエンテーションの体験をすることになった。その様子を報告しておく。

★当日の参加者から、参加する意思の確認のあと、3人のグループを3つ作った。筆者と難病支援の組織を運営している女性と、不登校の保護者支援の男性の3人であった。3人はお互いに初めて出会った関係性であった。

★講師によって、テーマは味噌汁がいいかなあ、と投げかけられたが、イエナシステムの経験を持たない参加者にとっては、意味がわからない。20分のグループワークで、問いを発するという。問いというのは、味噌汁をテーマにする問い、というより味噌汁という主体に質問するという意味らしい。私は液体に質問したことはない。どうするのだろう。
　実際のセッションでは、テーマから逸れていっても、テーマに対しての問いかけでなくなってもかまわないようだ。

★グループでは、味噌汁は麹の種類をどう思っているか、とか、味噌汁はティータイムに進出したいだろうか、とか、味噌汁の身になってみたらいくらでも出てきた。結構面白くなった。しばらくして、味噌汁の立場で問いを作ってみたけれど、普段の対人関係ではどうだろうか、という発言をきっかけに、人との対話では答えを想定したような質問をしたり、答えを決めつけて、話

題の方向を最初から決めているのではないか、という内省があり、20分が終了した。

★通常、イエナプランの午後のグループワークでは、このようにテーマを決めて問いを発し、推論を確認するための方法を検討し、実行したり、調べたりする活動を数週間にわたって実践するのだそうだ。当然、その間 Web から情報を検索し、体験者にインタビューを試み、アンケートを集計するときに割合や統計手法を学ぶ。テーマへの問いかけを解決するプロセスの中で、理科も社会科も数学もというように総合的な学習が有機的に進む。

★また、グループによる協働的な学習によって、他者と力を合わせるスキルと、他者への敬意、他者に受け入れられる自分の発言や主張の仕方に気付く、など、全人的な知的発達が達成できる。

　オンラインで知らない人と知らないテーマについて話し合うのはためらわれたが、身近なテーマを設定されたことと、正解や回答の評価がないことで、態度が自由になれるのを感じた。最後のシェアリングでは、「家庭内で自由にテーマを決めて実践できる」、「フリースクール内でもやってみたい」と発言があった。
　オランダの教育について、学齢期の子どもを持つ知人に提示してみたら「違いすぎて思考停止する」、という反応を得た。確かに違いが多すぎて、良いところを取り入れて、と安易に換骨奪胎することができないとも思える。しかし、リヒテルズ直子氏は『イエナプラン実践ガイドブック』[2]で、新学習指導要領が提示している3つの新しい課題に対して、十分応えるものであるだけでなく、

さらに広い視点から深める教育方法であると指摘している。

　氏は新学習指導要領の強調点として次の3点をあげている。

1　主体的・対話的で深い学び（アクティブラーニング）

2　道徳教育の教科化

3　社会とつながり、社会に開かれた学校

　いうまでもなくイエナプランでは、朝の対話の時間で深く内省と他者の声に耳を澄ますことに集中し、そこから広がった課題を自分で調べ、他者と協働して解決、理解することを尊重する。これはまさにアクティブラーニングである。また学校での態度そのものが、道徳を単に教科として一律に学ぶのではなく、さらに進化した到達点であるシチズンシップ（市民的態度）の学習を促進している。

　3点目の社会とのつながり、は先に紹介したワールドオリエンテーションが、まさに対応しており、さらに学校を「生と学びの共同体」としてできるだけ多様な人々が集まる場として運営されている。

　決して、日本の教育とオランダにおけるイエナプラン教育のめざすところが異なるわけでない。

　しかし、日本の教育になくてオランダの教育システムにあるものは次の2点であろう。

・教育予算の潤沢さと自由度の高さ

・学校選択の自由度の高さと学校の多様性が担保されていること

　学ぶ場の設立の自由さにもあっけにとられるが、これもまた、先の章で紹介

した、保護者による学びのコミュニティの設立を学校とみなすならば、それほど実情は遠くない。ただ、国家から予算が下りないだけの差である。もちろん、これがもっとも大きな差違である。

実は、オランダでは入学試験も原則ない。日本の教育システムは進学における学力試験による振り分けが前提になり、その中間ゴールに向けて制度設計がなされている。その違いによって、教育で尊重する原則が異なっている。

しかし、広島県福山市では、公教育の小学校でイエナプラン教育校の設立が進行している。現在は移行中であるが、2022年には開校となるようだ。公教育に教育の多様性が導入されたとき、学校の在り方も変わるだろう。その変化が、教員の働きやすさにもつながることを切に祈りたい。教員が教育現場を楽しいと思えないなら、そこで学ぶ生徒が楽しいわけがない。

その他のオルタナティブ教育

大正時代には、産業革命後の教育法として世界のあちらこちらで提唱されたオルタナティブ教育を取り入れた学校が多く設立された。付属小学校を持っていた師範学校や私立学校に多い。成城小学校、文化学院、成蹊小学校、明星学園、玉川学園、自由学園などがある。黒柳徹子氏の著書で有名なトモエ学園もその一つである。今でもその流れを汲んだ学校の大学が残っている。

シュタイナー教育

　感覚と運動、芸術的な表現を重視する。自主的な学びを基本におく。オーストリアの思想家ルドルフ・シュタイナーが提唱した。芸術を通じて教育を行う。日本では、子安美知子氏が1975年に、『ミュンヘンの小学生』[3)]で、体験を通じた紹介を行ったことで広まった。教育は、子どもが「自由な自己決定」を行うことができる人間となるための営みとして一つの芸術活動であるとされる。オイリュトミー、フォルメンのような表現活動が教育の中心におかれる。1限目には100分程度のエポック授業が置かれる。この授業は一つの科目を3週間連続して集中的に学び、各自が作成していくエポックノートが自作の教科書のようなものになる。テストや相対的評価がない。鳥山敏子氏の講演会を継続的に行っていた団体が1997年に学校として立ち上げたのが、東京賢治シュタイナー学校である。この学校も学校教育法による一条校ではない。

モンテッソーリ教育

　日本では、モンテッソーリの遊具を用いた幼児教育の普及によって、よく知られている。20世紀、マリア・モンテッソーリによって開発された。感覚教育法によって、知的水準をあげる。考えられた教育環境を設置し、そのなかで自発的に学び始める力をもっているとする。身体、社会、情緒、認知等を発達させることを目的とする。特に幼児教育の発達モデルに添った教育をめざす。モンテッソーリ遊具が有名であり、日本の幼稚園で取り入れているところは少なくない。

サドベリースクール

　アメリカのボストンにあるサドベリーバレースクールの理念に共感している

世界中の学校の総称。別名デモクラティックスクール。生徒はルールの範囲内で自由に行動できること、また、そのルールを学校参加や自身により決定していくこと。子どもは生まれながらにして好奇心をそなえていて、生きていく上で必要なことは自分で学んでいくことができる、という考えがある。スクールミーティングによって運営される。予算配分やスタッフの給与も生徒との会議で決める。グループ分けや学年がない。司法委員会がある。サドベリーの法律書がある。5歳から19歳が在籍できる。

ニイル　自由学校（サマーヒルスクール）

　世界で一番自由な学校と呼ばれている。一般的にはフリースクールと呼ばれる学校の祖。授業は設定されているが、生徒は出席するかどうかも自分で決める。学校の自治は徹底されていて、全校集会で生徒も教員も同じ資格で運営について協議する。権威主義を排し、生徒は教員にたいして、尊称を用いない。もちろん、これは対象への敬意を持たないことではない。むしろすべての他者へ等しい尊敬の気持ちを持つことを重視してのことである。さらに教科学習よりも創造や表現活動が重視されている。日本にニイルの著書を紹介した堀　真一郎氏が校長になり設立したのが、「きのくに子どもの村学園」[4)]である。この学校は寮ももち、25年の歴史をもつが、一条校ではない。

　東京都フリースクール等ネットワーク　による『学びを選ぶ時代』[5)]では、オルタナティブ教育実践校を詳しく紹介している。

文献
1　リヒテルズ直子　『オランダの教育』　　2004　平凡社

2 リヒテルズ直子 『今こそ日本の学校に イエナプラン実践ガイドブック』
2019 教育開発研究所

3 子安美知子 『ミュンヘンの小学生』 1975 中央公論社

4 堀 真一郎 『増補 自由学校の設計 きのくに子どもの村の生活と学習』
2019 黎明書房

5 東京都フリースクール等ネットワーク 編 『学びを選ぶ時代』
2020 プチ・レトル

おわりに

　不登校児童生徒数の増加について1年ほど前にはそれほど問題とされていなかったように思います。今回の調査においても、文科省がまず注意喚起しているのはいじめの認知件数でした。そして、認知件数があがっていることは、いじめの見える化への努力の結果であると評価しています。筆者もその意見は肯定します。しかし、問題は不登校児童生徒数の急増現象です。

　学校そのものはそれほど荒れているわけではなく、いじめの対処や特別支援教育、外国籍の生徒への対応から環境問題にいたるまで、多岐にわたる事象に対して誠意ある対応に努めています。それによって、教員スタッフの疲弊もまた限界にきているとしても。

　学校という制度はとてもよくできています。効率よく多くの生徒を限られた空間と人材で教えることができ、教科書の内容は共通しているので、国民はほぼ同じ知識に親しむことになります。でも、その学校にどうしてもなじめない児童生徒たちが増えてきていることに直面する時機にきています。

　見回すと学校に行かなくなったわが子に対して思い悩み、自分を責めたり、教育制度を恨んだりした、主として母親たちが、自分たちの手で作った子どもたちの居場所と学びの場が増えていることに気付きます。その数はどれだけあるか、だれも知らないでしょう。

　しかし、ここで紹介させていただいた「多様な学びプロジェクト」のようなネット上で情報と共感を共有するコミュニティが出現しています。オンラインでつながるのは瞬時です。ホームページやYouTubeでお互いの活動とその理念を共有するのに時間も交通費もかかりません。そこでは、問題解決学習や、オンラインによる質の高い学習システムを提供しあうことも始まっています。

体験的に地域の方や専門家に子どもたちが教わり、課題を解決していくことも日常的に行われています。

　学校をよりよくゆとりのある学びの場に変えていくためにも、学校以外での学びや成長の仕方を、学校と並び立つ子供の居場所として認めていくことが必要な時機にきていると思います。

　取材に応じて、講演内容を掲載する許可をくださった

ハッピーエデュケーション　村上　忍さん

多様な学びプロジェクト　生駒知里さん

オランダの教育システムとイエナプラン教育を伝えてくれた　川崎知子さんに感謝します。また、発表の機会を与えてくださった鶴見大学文学部比較文化研究所に感謝します。

資料

学校不適応対策調査研究協力者会議報告 「登校拒否問題について―児童生徒の『心の居場所』づくりを目指して―」 1992年3月

日本財団 「不登校傾向になる子どもの実態調査」 2018年12月

文部科学省 「登校拒否問題への対応について」 1992年9月

文部科学省 「今後の不登校への対応の在り方について」 2003年5月

文部科学省 「平成24年度児童生徒の問題行動等生徒指導上の諸問題に関する調査」 2013年10月

文部科学省 「不登校児童生徒への支援の在り方について（通知）」 2016年9月

文部科学省 「義務教育の段階における普通教育に相当する教育の機会の確保等に関する法律の公布について（通知）」 2016年12月

文部科学省 「令和元年度児童生徒の問題行動・不登校等生徒指導上の諸問題に関する調査結果」 2020年10月

吉村順子 教育環境における斜めモデルの提唱 金沢経済大学論集32 1998年7月

吉村順子 不登校生徒指導としての保護者支援の在り方について ―不登校を見守るということ― 鶴見大学紀要 54号 4部 2017年3月

吉村順子 不登校児童生徒数の増加傾向について 鶴見大学比較文化研究 21号 2019年3月

吉村順子 不登校児童生徒の増加傾向と学校教育の役割 鶴見大学教職課程年報 3号 2019年3月

【著者紹介】

吉村　順子（よしむら　じゅんこ）

兵庫県出身。金沢経済大学（現金沢星稜大学）を経て、鶴見大学文学部教授。専門は臨床心理学、教育心理学。災害時の心理的支援、芸術療法、不登校児童生徒の保護者対応等にかかわっている。公認心理師、臨床心理士。

〈比較文化研究ブックレット№19〉

「学びの場は人それぞれ」
―不登校急増の背景―

2021年3月31日　初版発行

著　　　者　吉村　順子
企画・編集　鶴見大学比較文化研究所
　　　　　　〒230-0063　横浜市鶴見区鶴見2-1-5
　　　　　　鶴見大学6号館
　　　　　　電話　045（580）8194
発　　　行　神奈川新聞社
　　　　　　〒231-8445　横浜市中区太田町2-23
　　　　　　電話　045（227）0850
印　刷　所　神奈川新聞社クロスメディア営業局

定価は表紙に表示してあります。

「比較文化研究ブックレット」の刊行にあたって

比較文化は二千年以上の歴史があるが、学問として成立してからはまだ百年足らずである。近年、世界のグローバル化に伴いその重要性は増してきている。特に異文化理解と異文化交流、異文化コミュニケーションといった問題は、国内外を問わず、切実かつ緊急の課題として現前している。同時多発テロの深層にも異文化の衝突があることは誰もが認めるところであろう。

さらに比較文化研究は、あらゆる意味で「境界を超えた」ところに、その研究テーマがある。国家や民族ばかりではなく時代もジャンルも超えて、人間の営みとしての文化を研究するものである。インターネットで世界が狭まりつつある二十一世紀が、同時多発テロと報復戦争によって始まったことは歴史のパラドックスであろう。文化もテロリズムも戦争も、その境界を失いつつある現在、比較文化研究はその境界を超えた視点を持った新しい学問なのである。

鶴見大学に比較文化研究所準備委員会が設置されて十余年、研究所が設立されて三年を越えて機も熟し、本シリーズの発刊の運びとなった。比較文化論は近年ブームともいえるほど出版されているが、その多くは思いつき程度の表面的な文化比較であり、学術的検証に耐えうるものは少ない。本シリーズは学術的検証に耐えつつ、啓蒙的教養書として平易に理解しやすい形で、知の文化的発信を行おうという試みである。大学およびその付属研究所の使命は、単に閉鎖された空間における学術研究のみにその使命があるのではない。ましてや比較文化研究が閉鎖されたものであって良いわけがない。広く社会にその研究成果を公表し、寄与することこそ最大の使命であろう。勿論、研究所のメンバーはそれぞれ機関誌や学術誌に各自の研究成果を発表しているが、本シリーズでより豊かな成果を社会に問うことを期待している。

二〇〇二年三月

鶴見大学比較文化研究所　初代所長　相良英明

比較文化研究ブックレット近刊予定

■「コルセットを着る女性、つくる女性」

鈴木周太郎

　19世紀半ば以降、コルセットの大衆化の波はヨーロッパからアメリカへと広がっていった。アメリカにおけるコルセットの流行は世紀転換期にピークをむかえ、自国生産が進んだ。特にマサチューセッツ州ウースターのロイヤル・ウースター・コルセット・カンパニーは大量に流入した移民の娘たちの受け皿となり、彼女らのアメリカ化をも促していった。それはコルセットの大衆化という階級の壁のほころびとも呼応するものだった。

■「映画でめぐるイングランド北部」(仮題)

菅野素子

　イングランドの北部を舞台にした最近の映画といえば、まず『リトル・ダンサー』(2000年) が思い浮かびます。ダラムの炭鉱夫一家に生まれた少年ビリーがバレエダンサーを目指す物語は今ではミュージカルにリメイクされて、洋の東西を問わず大人気を博しています。しかし、北部イングランドを舞台にした秀作映画は他にもたくさんあります。今回のブックレットでは、その魅力の一端をご紹介いたします。

比較文化研究ブックレット・既刊

No.1　詩と絵画の出会うとき
〜アメリカ現代詩と絵画〜　森　邦夫

　ストランド、シミック、ハーシュ、3人の詩人と芸術との関係に焦点をあて、アメリカ現代詩を解説。

A5判　57頁　660円（税込）
978-4-87645-312-2

No.2　植物詩の世界
〜日本のこころ　ドイツのこころ〜　冨岡悦子

　文学における植物の捉え方を日本、ドイツの詩歌から検証。民族、信仰との密接なかかわりを明らかにし、その精神性を読み解く！

A5判　78頁　660円（税込）
978-4-87645-346-7

No.3　近代フランス・イタリアにおける
##　　　悪の認識と愛
加川順治

　ダンテの『神曲』やメリメの『カルメン』を題材に、抵抗しつつも〝悪〟に惹かれざるを得ない人間の深層心理を描き、人間存在の意義を鋭く問う！

A5判　84頁　660円（税込）
978-4-87645-359-7

No.4　夏目漱石の純愛不倫文学
相良英明

　夏目漱石が不倫小説？　恋愛における三角関係をモラルの問題として真っ向から取り扱った文豪のメッセージを、海外の作品と比較しながら分かりやすく解説。

A5判　80頁　660円（税込）
978-4-87645-378-8

比較文化研究ブックレット・既刊

No.9 人文情報学への招待

大矢一志

コンピュータを使った人文学へのアプローチという新しい研究分野を、わかりやすく解説した恰好の入門書。

A 5 判　112頁　660円（税込）
978-4-87645-471-6

No.10 作家としての宮崎駿

～宮崎駿における異文化融合と多文化主義～　相良英明

「ナウシカ」から「ポニョ」に至る宮崎駿の軌跡を辿りながら、宮崎作品の異文化融合と多文化主義を読み解く。

A 5 判　84頁　660円（税込）
978-4-87645-486-0

No.11 森田雄三演劇ワークショップの18年

―Mコミュニティにおけるキャリア形成の記録―　吉村順子

全くの素人を対象に演劇に仕上げてしまう、森田雄三の「イッセー尾形の作り方」ワークショップ18年の軌跡。

A 5 判　96頁　660円（税込）
978-4-87645-502-7

No.12 PISAの「読解力」調査と全国学力・学習状況調査

―中学校の国語科の言語能力の育成を中心に―　岩間正則

国際的な学力調査である PISA と、日本の中学校の国語科の全国学力・学習状況調査。この2つの調査を比較し、今後身につけるべき学力を考察する書。

A 5 判　120頁　662円（税込）
978-4-87645-519-5

比較文化研究ブックレット・既刊

No.13 国のことばを残せるのか

ウェールズ語の復興　松山　明子

イギリス南西部に位置するウェールズ。そこで話される「ウェールズ語」が辿った「衰退」と「復興」。言語を存続させるための行動を理解することで、私たちにとって言語とは何か、が見えてくる。

A 5 判　62頁　662円（税込）

978-4-87645-538-6

No.14 南アジア先史文化人の心と社会を探る

―女性土偶から男性土偶へ：縄文・弥生土偶を参考に―　宗䑓秀明

現在私たちが直面する社会的帰属意識（アイデンティティー）の希薄化・不安感に如何に対処すれば良いのか? 先史農耕遺跡から出土した土偶を探ることで、答えが見える。

A5判　60頁　662円（税込）

978-4-87645-550-8

No.15 人文情報学読本

―胎動期編―　大矢一志

デジタルヒューマニティーズ、デジタル人文学の黎明期と学ぶ基本文献を網羅・研修者必読の書。

A5判　182頁　662円（税込）

978-4-87645-563-8

No.16 アメリカ女子教育の黎明期

共和国と家庭のあいだで　鈴木周太郎

初期アメリカで開設された3つの女子学校。
　―相反する「家庭性」と「公共性」の中で、立ち上がってくる女子教育のあり方を考察する。

A5判　106頁　662円（税込）

978-4-87645-577-5

比較文化研究ブックレット・既刊

No.17 本を読まない大学生と教室で本を読む

文学部、英文科での挑戦　深谷　素子

　生涯消えない読書体験のために！「深い読書体験は、生涯消えることなく読者を支え励ます」いまどきの学生たちを読書へと誘う授業メソッドとは。

A5判　108頁　662円（税込）
978-4-87645-594-2

No.18 フィリピンの土製焜炉

ストーブ　田中　和彦

　南中国からベトナム中部、ベトナム南部、マレーシアのサバ州の資料を概観し、ストーブの出土した遺跡は、いずれも東シナ海域及び南シナ海域の海が近くに存在する遺跡であることが明らかになった。

A5判　90頁　660円（税込）
978-4-87645-606-2